Zu diesem Buch

Selbstwertgefühl und Selbstbewußtsein sind die Basis für die positive Entwicklung aller menschlichen Beziehungen und Fähigkeiten. Sie sind der Schlüssel zu dem persönlichen Potential eines jeden Kindes. Dieses Buch hilft dabei, Kinder zu verstehen und sie so in der Entwicklung ihres Selbstwertgefühls und Selbstbewußtseins zu unterstützen.

Harris Clemes / Reynold Bean

Selbstbewußte Kinder

Wie Eltern und Pädagogen dazu beitragen können

Deutsch von
Barbara Cox-Tepp

Rowohlt

rororo – Mit Kindern leben

Deutsche Erstausgabe
Lektorat Bernd Gottwald
Umschlaggestaltung Peter Wippermann / Jürgen Kaffer
(Foto: B. Kreye / G + J Fotoservice)

25.–28. Tausend September 1995

Veröffentlicht im Rowohlt Taschenbuch Verlag GmbH,
Reinbek bei Hamburg, Mai 1991
Copyright © 1991 der deutschen Ausgabe by
Rowohlt Taschenbuch Verlag GmbH, Reinbek bei Hamburg
Die Originalausgabe erschien unter dem Titel
«How to raise Children's self-esteem» bei
Price Stern Sloan, Inc., Los Angeles, California, USA
Copyright © 1978 by Reynold Bean und Harris Clemes
(revised edition 1980)
Satz Trump Mediaeval, PM 4.0, Linotronic 300
Gesamtherstellung Clausen & Bosse, Leck
Printed in Germany
890-ISBN 3 499 18822 8

Inhalt

Einleitung

Selbstwertgefühl ist die Voraussetzung für die positive Entwicklung der menschlichen Fähigkeiten, Beziehungen einzugehen, zu lernen, kreativ zu sein und eigenverantwortlich zu handeln. Es ist gewissermaßen das Bindemittel, das notwendig ist, um die verschiedenen Eigenschaften des Kindes in ausgewogene und persönlichkeitsbildende Strukturen zusammenzufügen. In jedem Stadium des Lebens bestimmt das Selbstwertgefühl, inwiefern der Mensch seine persönlichen Fähigkeiten und das ihm angeborene Potential zu nutzen vermag.

Die Handlungen von Kindern werden immer von konkreten Motiven bestimmt. Der Erfolg unserer Bemühungen, Kinder auf positive Art und Weise zu beeinflussen, hängt im wesentlichen davon ab, ob wir die Beweggründe ihres Verhaltens verstehen. Häufig bleiben sie uns verborgen. Sie entspringen Gefühlen oder Empfindungen, die der «Innenwelt» des Kindes angehören und über die zu berichten das Kind möglicherweise nicht in der Lage ist.

Obwohl Eltern und Lehrer nicht alles, was Kinder tun, zu kontrollieren vermögen, können sie einen wesentlichen Bereich ihrer Aktivitäten beeinflussen und sind meistens imstande, auf sie einzugehen, wenn sie in ihrem Leben bestimmten Überforderungen ausgesetzt sind. Wenn Kinder ein hohes Selbstwertgefühl haben, geht es ihnen in jeder Hinsicht gut. Bei einem niedrigen Selbstwertgefühl ist das Gegenteil der Fall. Wenn wir beobachten, wie sich Kinder in unterschiedlichen Situationen verhalten, gewinnen wir die notwendigen Einsichten, die wir benötigen, um ihnen zu einem hohen Selbstwertgefühl verhelfen zu können.

Obwohl wir alle möchten, daß unsere Kinder ein hohes Maß an Selbstwertgefühl haben, gibt es Zeiten, da auch unsere besten Bemühungen, ihnen ein solches Gefühl zu vermitteln, nichts zu nutzen scheinen. Wenn dies der Fall ist, sind wir häufig ratlos und besorgt.

Um dieser Ratlosigkeit entgegenzuwirken, haben wir dieses Buch verfaßt. Die Informationen, die hier enthalten sind, sollen Ihnen helfen, Ihre Kinder besser zu verstehen und Sie in die Lage versetzen, kindliche Verhaltensweisen, die Ihnen inkonsequent, verwirrend oder irrational vorkommen, nachzuvollziehen.

1. Was versteht man unter Selbstwertgefühl und warum ist es wichtig?

In diesem Teil des Buches soll zunächst der Begriff «Selbstwertgefühl» definiert und seine Auswirkungen auf sämtliche Lebensbereiche des Kindes erläutert werden. Kinder mit einem niedrigen Selbstwertgefühl sind ähnlich benachteiligt wie Menschen mit einer körperlichen Behinderung. Ein niedriges Selbstwertgefühl wirkt sich auf den Lernerfolg, auf menschliche Beziehungen und auf alle wichtigen Bereiche des Lebens einschränkend aus.

Was ist ein hohes Selbstwertgefühl?

Erinnern Sie sich an Zeiten, in denen Sie sich rundum wohl fühlten? Wahrscheinlich waren solche Zeiten durch einige oder sämtliche folgende Gefühle gekennzeichnet:
• Sie hatten das Gefühl, für eine wichtige Bezugsperson wichtig zu sein.
• Sie hatten das Gefühl, eine besondere Person zu sein, auch wenn Sie sich die Gründe nicht genau erklären konnten.
• Sie fühlten sich in der Lage, Wichtiges zu erledigen und trauten sich zu, mit allen Eventualitäten gut zurechtzukommen.
• Sie hatten feste Ziele, die für Sie wichtig waren, mit denen Sie sich identifizieren konnten und auf die Sie hinarbeiteten.

Zusammengefaßt lassen sich solche Empfindungen als Selbstwertgefühl bezeichnen. In den obengenannten Beispielen kommt jeweils ein hohes Selbstwertgefühl zum Ausdruck, das zu Verhaltensweisen führt, die dieses Gefühl wiederum verstärken. Es ist wichtig, sich zu merken, daß das Selbstwertgefühl in der Tat ein Gefühl darstellt und daß es sich stets durch bestimmte Verhaltensweisen äußert. Es kann bei Kindern anhand dessen, was sie tun und wie sie es tun, beobachtet werden.

Der Begriff «Selbstwertgefühl» unterscheidet sich von dem Begriff «Selbstbild», obwohl beide häufig miteinander verwechselt werden. Das Selbstbild ist eine Theorie bzw. geprägt durch bestimmte Vorstellungen, die das Kind von sich hat. Ein Kind kann von seinem Selbstbild berichten – es kann sagen, was es über sich denkt, auch wenn diese Vorstellungen mit seinem Verhalten nicht übereinstimmen mögen. Das Bild, das ein Kind von sich selbst hat, bezieht sich auf seine Fähigkeiten, auf seine Vorlieben für bestimmte Dinge, auf seine Beziehungen zu anderen Menschen und auf die Werte und Normen, die es als wichtig erachtet. Das Kind betrachtet sich vielleicht als freundlich, hat aber keine Freunde. Vielleicht mag es Sport, weigert sich aber, in Schulmannschaften mitzuspielen.

Selbstbild und Selbstwertgefühl sind insofern miteinander verknüpft, als ein Kind mit sich selbst zufrieden ist, wenn

• es sein Selbstbild durch erfolgreiche Leistungen bestätigt; z. B. ein Kind, das sich selbst für einen guten Fußballspieler hält und für seine Mannschaft das entscheidende Tor schießt;

• es seinen persönlichen Maßstäben gerecht geworden ist; z. B. ein Kind, das von seiner geistigen Leistung überzeugt ist und die beste Mathematikarbeit in seiner Klasse schreibt;

• sein Selbstbild von anderen Menschen bestätigt wird; z. B. ein Kind, das der Meinung ist, es könne gut malen und für seine Bilder gelobt wird.

Die Merkmale hohen und niedrigen Selbstwertgefühls

An dieser Stelle soll anhand von Beispielen dargestellt werden, wie sich ein hohes bzw. niedriges Selbstwertgefühl bei Kindern beobachten läßt.

Ein Kind mit einem hohen Selbstwertgefühl ...

... freut sich über seine Leistungen: «Seht mal, was ich für ein schönes Bild gemalt habe.»

... wird selbständig handeln: «Ich habe mir mein Frühstück selbst gemacht.»

... wird gern Verantwortung übernehmen: «Ich werde die Pflanzen für dich gießen.»

... wird sich von Schwierigkeiten nicht irritieren lassen: «Dieses Modell bekommt man kaum zusammen, aber ich bin mir sicher, daß ich es noch schaffe.»

... wird sich neuen Herausforderungen mit Begeisterung stellen: «Unser Lehrer sagte, wir fangen morgen mit Bruchrechnung an.»

... wird sich zutrauen, andere zu beeinflussen: «Kann ich euch dieses neue Spiel erklären?»

... ist imstande, ein weites Spektrum verschiedener Gefühle zum Ausdruck zu bringen: «Ich bin so glücklich, wenn Vater zu Hause ist und so traurig, wenn er wegfährt.»

Ein Kind mit einem niedrigen Selbstwertgefühl ...

... wird unangenehme oder herausfordernde Situationen vermeiden: «Heute gehe ich nicht zur Schule: wir schreiben eine schwierige Mathematikarbeit.»

... äußert mangelndes Selbstvertrauen: «Nie gelingt mir ein Bild.»

... hat das Gefühl, daß andere es nicht schätzen: «Keiner will mit mir spielen.»

... gibt anderen die Schuld für seine eigenen Schwächen: «Ich konnte nicht saubermachen, weil du mir nicht gesagt hast, wo der Besen war.»

... läßt sich leicht von anderen beeinflussen: «Ich weiß, daß ich es nicht hätte tun dürfen, aber die anderen haben mich dazu aufgefordert.»

... wird schnell defensiv und frustriert: «Ich kann nichts dafür, wenn der Drachen nicht steigt: am liebsten würde ich ihn kaputtschlagen.»

... fühlt sich machtlos: «Ich kann die Schere nicht finden; und wo ist der Klebstoff? Ich habe das falsche Buch – ich werde diese Arbeit nie schaffen.»

... ist nur imstande, ein eingeschränktes Spektrum verschiedener Gefühle auszudrücken: «Mir ist es völlig egal, was du machst.»

Das Selbstwertgefühl ist Schwankungen unterworfen. Alle Kinder werden von Zeit zu Zeit einige der oben erwähnten Verhaltensweisen an den Tag legen. Für Kinder mit einem hohen bzw. niedrigen Selbstwertgefühl jedoch wird sich mit der Zeit herausstellen, daß sie hauptsächlich zu den ersteren oder letzteren Verhaltensweisen neigen. In diesem Zusammenhang sollte man nicht die Beobachtung auf einzelne Verhaltensmerkmale des Kindes beschränken, sondern vollständige Verhaltensmuster beobachten.

Das Selbstwertgefühl als Verhaltensmotiv

Das Selbstwertgefühl (d. h. wie sich Kinder selbst empfinden) und das Selbstbild (d. h. die Vorstellungen, die Kinder von sich selbst haben) sind eng miteinander verknüpft und stellen gemeinsam wichtige Motivationsfaktoren dar, die das Verhalten der Kinder beeinflussen.

Im Zusammenhang mit dem Selbstwertgefühl bzw. Selbstbildnis eines Kindes lassen sich drei wesentliche Verhaltensmotive ableiten.

1. *Das Verhalten des Kindes beruht auf dem Wunsch, sein Selbstwertgefühl zu verstärken.* Das Kind sucht beispielsweise Lob und Anerkennung, es tut Dinge, die es mag und die es gut kann, es

vermeidet Aufgaben, die ihm wahrscheinlich mißlingen würden, und es versucht, anderen zu gefallen.

2. *Das Kind sucht durch sein Verhalten eine Bestätigung seines Selbstbildes, sowohl von anderen als auch von sich selbst.* Ein Kind, das sich selbst für artig hält, wird sich in der Regel gut benehmen. Ein anderes Kind, das sich für ungezogen hält, wird unbewußt Kritik und Strafen auf sich lenken. Glaubt ein Kind, daß es sportlich ist, wird es jede Gelegenheit zum Sporttreiben wahrnehmen. Wenn ein Kind andererseits glaubt, daß es ein bestimmtes Fach nicht beherrscht, dann wird es tatsächlich in diesem Fach schlechte Noten bekommen und sich einreden, daß jede gute Note lediglich Glückssache sei.

3. *Das Kind versucht durch sein Verhalten, sein Selbstbild aufrechtzuerhalten, auch wenn äußere Umstände auf Gegenteiliges hinweisen.* Die Einstellung, daß man nun einmal so ist und schon immer so war, ist hierfür kennzeichnend. Für Kinder ist es vielleicht noch schwieriger als für Erwachsene, eine persönliche Eigenschaft, die auf einem grundlegenden Glauben beruht, zu ändern. Dies gilt auch dann, wenn sich Abweichungen vom alten Selbstbild beweisen lassen. Ein Beispiel hierfür ist ein Kind, das sehr gut im Kopfrechnen ist, aber immer schlechte Mathematikarbeiten schreibt, weil es diesen Mißerfolg erwartet.

Diese drei Motive können gleichzeitig das Verhalten des Kindes beeinflussen, auch dann, wenn sie zueinander im Widerspruch stehen. Dies führt zu Verhaltensweisen, die unberechenbar oder irrational zu sein scheinen. Ein Kind vermeidet beispielsweise eine Tätigkeit, die es allem Anschein nach erfolgreich bewältigen könnte. Ein Junge zum Beispiel, der zu Hause viel liest, spielt in der Schule den Klassenkasper, weil dies seine anerkannte Rolle unter seinen Mitschülern ist. Ein weiteres Beispiel wäre ein Mädchen, das, um Anerkennung zu gewinnen, ihren Eltern etwas verspricht, ihr Versprechen aber nicht einhält, weil es sich diese Tätigkeit nicht wirklich zutraut.

Ein Kind kann ein negatives Selbstbild haben. Das bedeutet, daß es sich auf bestimmten Gebieten oder in bestimmten Lebensbereichen als schlecht, dumm, krank, ungeliebt oder unfähig betrachtet. Wenn ein Kind von solchen negativen Vorstellungen fest überzeugt ist, neigt es dazu, diese so umzusetzen, als wären sie positiv. Mit anderen Worten, das Kind wird versuchen, dieses Bild zu bestätigen und aufrechtzuerhalten.

Hat ein Kind eine negative Einstellung zu sich selbst, neigt es dazu, gegenteilige Beweise nicht wahrhaben zu wollen, sondern Lob oder Anerkennung einfach abzulehnen. Ein Kind, das beispielsweise glaubt, andere würden es nicht mögen oder ihm nicht vertrauen, wird auf die Versuche anderer, ihm zu zeigen, daß sie es mögen oder ihm helfen wollen, nicht eingehen. Ein anderes Kind, das der Meinung ist, es könne mit seinen Mitschülern nicht mithalten, wird Erfolge als pures Glück oder sogar als Fehler abtun.

Ein niedriges Selbstwertgefühl äußert sich durch bestimmtes Verhalten. Wenn sich mit der Zeit feste Verhaltensmuster herausbilden, werden sie zu Gewohnheiten, die sich ebenso schwer ändern lassen wie andere Gewohnheiten auch.

Das Selbstwertgefühl und schulische Leistung

Das Selbstwertgefühl beeinflußt den schulischen Erfolg in erheblichem Maße. Auch bei hochintelligenten Kindern kann ein niedriges Selbstwertgefühl zu schlechten schulischen Leistungen führen, während durchschnittlich begabte Kinder mit einem hohen Selbstwertgefühl zu erstaunlich hohen Leistungen fähig sind.

Kinder mit einem niedrigen Selbstwertgefühl werden in der Regel wenige Erfolgserlebnisse in der Schule haben. Ihre Motivation läßt schnell nach, und sie verlieren leicht das Interesse an schulischen Aufgaben, da sie vor allem mit sich selbst, ihren Problemen, Ängsten und ihren Beziehungen zu anderen Personen beschäftigt sind.

Häufig machen die Kinder gerade in der Schule Erfahrungen, die ein niedriges Selbstwertgefühl verstärken. Dies führt zu seelischen Belastungen, mit denen sich die Kinder ständig auseinandersetzen müssen. Ein niedriges Selbstwertgefühl verhindert eine gute schulische Leistung, und schlechte Leistungen wirken sich wiederum auf das Selbstwertgefühl negativ aus. Auf diese Weise entsteht ein Teufelskreis, aus dem es mit der Zeit immer schwieriger wird herauszukommen.

Für die Kinder werden Mißerfolgserlebnisse und die daraus entstehenden Minderwertigkeitsgefühle zu einem festen Schema. Hilfestellungen seitens der Schule beschränken sich in der Regel auf inhaltsbezogene Fördermaßnahmen, aber der eigentliche Kern des Problems, nämlich das zu fördernde Selbstwertgefühl der Kinder, wird meistens übersehen.

Übermäßige Ängste wirken sich negativ auf das Lernen aus. Kinder mit einem niedrigen Selbstwertgefühl sind mit Problemen belastet, die eben solche Ängste, die das Lernen beeinträchtigen, auslösen. Erst wenn das Selbstwertgefühl positiv verstärkt wird, lassen sich diese Ängste überwinden, und die Voraussetzungen werden geschaffen, die es dem Kind ermöglichen, sich den schulischen Anforderungen mit einer erhöhten Motivation zu widmen.

Das Selbstwertgefühl und menschliche Beziehungen

Kinder mit einem hohen Selbstwertgefühl haben im allgemeinen unbeschwerte Beziehungen zu anderen Menschen. Solche Beziehungen entwickeln sich von selbst. Ein aufgeschlossenes und ausgeglichenes Kind wirkt sowohl auf Kinder als auch auf Erwachsene anziehend. Kinder mit einem niedrigen Selbstwertgefühl sind entweder übertrieben aggressiv oder extrem zurückhaltend, so daß ihre Beziehungen zu anderen von vornherein belastet sind.

Für Kinder mit einem niedrigen Selbstwertgefühl sind menschliche Beziehungen sehr wichtig. Sie suchen bei anderen die Unterstützung und die Anerkennung, die sie sich selbst nicht verschaffen können. Aber da diese Kinder davon ausgehen, daß ihr eigenes Selbstbild von anderen Menschen genauso gesehen wird, neigen sie dazu, harmlose Äußerungen und Verhaltensweisen zu verdrehen oder zu mißdeuten. Deshalb mißlingen auch häufig die Freundschaftsversuche anderer Kinder.

Wenn ein Kind empfindet, daß es von anderen nicht gemocht oder geschätzt wird, dann erwartet es eine entsprechende Einstellung bei anderen, auch wenn sie nicht vorhanden ist.

Das Selbstwertgefühl und Kreativität

Die meisten Erwachsenen sehen es gern, wenn sich Kinder kreativ verhalten, sei es, daß sie sich mit phantasievollen Spielen beschäftigen, daß sie sich originell äußern oder benehmen oder daß sie ein gewisses Maß an künstlerischer oder intellektueller Begabung besitzen. Die Neigung, sich kreativ zu verhalten, hängt mit dem Selbstwertgefühl des Kindes zusammen.

Die Kreativität ist mit folgenden Faktoren verbunden, die wiederum unmittelbar auf dem Selbstwertgefühl beruhen:
• Die Kreativität beinhaltet immer ein gewisses Risiko, und ein Kind benötigt ein hohes Maß an Selbstbewußtsein, um Risiken einzugehen.
• Kreatives Handeln setzt Vertrauen zu anderen voraus. Das Kind muß wissen, daß es weiterhin angenommen wird, auch wenn ihm etwas mißlingt.
• Kreativität beruht auf der Integration von Intellekt, Phantasie, Verspieltheit und geistigem und körperlichem Geschick. Bei Kindern mit einem niedrigen Selbstwertgefühl, die deshalb ängstlich oder mit Sorgen belastet sind, wird eine solche Integration kaum zustande kommen können, da solche Ängste die erfolgreiche Umsetzung all dieser Fähigkeiten behindern.
• Echte Kreativität entsteht als etwas Spontanes im Kind und kommt nicht «auf Befehl» zustande. Ein Kind, das von dem Lob und der Anerkennung anderer abhängig ist, wird seine eigene Spontaneität nicht ausleben, sondern sich eher den Wünschen anderer anpassen.
• Kreatives Handeln setzt Klarheit in bezug auf eigene Ideen oder Vorstellungen voraus. Es ist für ein kreatives Kind immer ein Erfolgserlebnis, wenn es seine Phantasie in die Tat umsetzen kann und etwas Wirkliches schafft. Kinder mit einem niedrigen

Selbstwertgefühl dagegen machen sich Sorgen über die Bewertung anderer oder fürchten einen Mißerfolg, so daß ihre Freude über die eigene Kreativität von vornherein untergraben wird.

Kreativität drückt sich bei Kindern normalerweise nicht als eine ehrfurchterregende Gabe, als Genialität oder als frühreife Fähigkeit aus. Künstlerisch und intellektuell begabte Genies sind selten. Vielmehr kommt bei Kindern ihre Kreativität in alltäglichen Aktivitäten zum Ausdruck, beim Spielen oder beim Arbeiten. Dies sind meistens Kleinigkeiten, zum Beispiel die Art und Weise, wie sie ihr Schlafzimmer einrichten, indem sie ihre Phantasie spontan spielerisch einsetzen oder indem sie alltägliche Gegenstände oder Tätigkeiten aus einer anderen Perspektive sehen (ein Buch wird zur Burg oder Ausfegen zum «Krieg» gegen Staub).

Von der Entwicklung seines Selbstwertgefühls hängt es ab, wie sehr sich ein Kind kreativ auszudrücken vermag.

Wie wirkt sich das Selbstwertgefühl von Eltern und Lehrern auf Kinder aus?

Es ist allgemein bekannt, daß Eltern für ihre Kinder eine Vorbildfunktion haben. Aber Kinder ahmen nicht nur das Verhalten oder die Sprache ihrer Eltern nach, sondern häufig auch ihre Gefühle und Einstellungen. Kinder sind für die innere Gefühlswelt ihrer Eltern sehr empfänglich, auch dann, wenn sie auf einer subtilen, nonverbalen Ebene zum Ausdruck kommt. Ein Achselzucken und ein gespannter Gesichtsausdruck reichen aus, um das Kind die Enttäuschung seiner Eltern spüren zu lassen. Auch Widersprüche zwischen dem, was gesagt wird, und der Art und Weise, wie es gesagt wird, können eine unausgesprochene Nachricht vermitteln. Es ist beinahe unmöglich, Gefühle oder Einstellungen von Kindern zu verbergen, da sie meistens auch subtile Ausdrucksweisen sehr genau beobachten und richtig deuten können.

Kinder brauchen Zeichen von ihren Eltern, um einschätzen zu können, wie sie sich verhalten sollen. Jede emotionale Reaktion der Eltern, auch wenn sie nicht verbalisiert wird, hat Auswirkungen auf das Kind.

Zwischen Eltern mit einem niedrigen Selbstwertgefühl und ihren Kindern entstehen eine Reihe von Beziehungsmustern, die zu Spannungen führen und die sich auf das Selbstwertgefühl des Kindes negativ auswirken.

• Eltern mit einem niedrigen Selbstwertgefühl neigen dazu, ihre eigenen Minderwertigkeitsgefühle auf Kosten ihrer Kinder zu kompensieren. Sie möchten, daß ihre Kinder Ziele erreichen, die sie selbst nie erreicht haben, und sie sind enttäuscht, wenn ihre Kinder diesen Vorstellungen nicht entsprechen. Die Kinder werden zwischen den Erwartungen ihrer Eltern und dem Wunsch, ihr eigenes Leben zu führen, hin und her gerissen.

• Eltern mit einem niedrigen Selbstwertgefühl sind häufig ängstlich, und Ängste verzerren die Kommunikation zwischen ihnen und den Kindern.

• Eltern mit einem niedrigen Selbstwertgefühl fühlen sich häufig von einem gut ausgeprägten Selbstwertgefühl ihrer Kinder bedroht, vor allem, wenn diese Unabhängigkeit und Autonomie anstreben. Eltern deuten solches Verhalten als Ablehnung, was wiederum bei den Kindern häufig Verwirrung, Frustration und Verärgerung auslöst.

• Eltern mit einem niedrigen Selbstwertgefühl neigen dazu, auf allen möglichen Gebieten potentielle Schwierigkeiten zu vermuten und sich gegen zum Teil nicht existierende Probleme zu wehren. Dadurch werden Maßstäbe und Erwartungen an die Kinder gestellt, denen sie kaum nachkommen können.

• Diese Eltern haben Schwierigkeiten, ihre Kinder angemessen zu loben. Entweder loben sie zu wenig oder übermäßig viel, und ihr Lob ist meistens von viel zu allgemeiner und vager Natur. Kinder freuen sich über jedes Lob, aber sie brauchen zugleich spezifische Auskünfte, um ihr Verhalten einschätzen zu können. Wenn Lob zu unspezifisch bleibt, wird es das Kind nur verwirren.

• Oft werden diese Eltern ihre Kinder einerseits ermutigen, sich anzustrengen und Erfolg anzustreben, gleichzeitig aber implizieren sie, daß man mit Erfolg nie rechnen kann oder daß jeder Erfolg sowieso nur vorübergehend ist. Wenn Eltern sich von dem Erfolg ihrer Kinder bedroht fühlen, kann es auch geschehen, daß sie auf unterschiedlichste Art und Weise versuchen, diesem Erfolg entgegenzuwirken. Vielleicht versperren sie dem Kind gewisse Möglichkeiten, halten bestimmte Versprechen nicht ein oder reagieren auf die Äußerungen ihrer Kinder überwiegend mit Kritik.

Diese Eltern können einige der oben erwähnten Schwierigkeiten nicht vermeiden. Sie müssen sich erst einer ehrlichen Selbstkritik unterziehen, bevor sie das Selbstwertgefühl ihrer Kinder wirkungsvoll verbessern können.

2. Das Selbstwertgefühl – die vier Voraussetzungen

Prägende Erlebnisse und die Qualität der Beziehung zu Bezugspersonen haben einen wesentlichen Einfluß auf das Selbstwertgefühl des Kindes. Von daher können Eltern und Lehrer tatsächlich sein Selbstwertgefühl positiv beeinflussen. Sie können die Voraussetzungen für neue Erfahrungen schaffen und eine entsprechend positive Beziehung zu dem Kind aufbauen. In diesem Teil werden die vier Voraussetzungen beschrieben, auf denen das Selbstwertgefühl eines Kindes beruht. Er stellt die Grundlage für weitere Kapitel dar, in denen praktische pädagogische Hinweise gegeben werden.

Das Selbstwertgefühl und die Bedürfnisse von Kindern

Ein Kind kann mit einer Pflanze verglichen werden. In jedem Samen befindet sich bereits die genetische Anlage, die die weitere Entwicklung bestimmt; aus einem Apfelkern kann kein Orangenbaum werden. Vorausgesetzt, die richtigen Bedingungen werden erfüllt – d. h. Sonne, Wasser und Nährstoffe sind vorhanden –, wird aus dem Samen eine gesunde Pflanze heranwachsen. Mit Kindern verhält es sich ähnlich. Jedes Kind ist einzigartig und mit einem gewissen Potential ausgestattet, das sich entwickeln kann, vorausgesetzt, daß die richtigen Wachstumsbedingungen während der Kindheit gewährleistet sind.

Eine Pflanze entwickelt gewisse Abnormitäten, wenn bestimmte Bedingungen nicht erfüllt werden. Zuwenig Wasser wirkt sich auf das Wachstum hemmend aus; zuwenig Sonne verhindert die Herausbildung von Blättern und Blüten, und ungenügende Nährstoffe führen ebenfalls zu Mangelerscheinungen.

Wenn Kinder alles haben, was für eine gesunde Entwicklung notwendig ist, verläuft die Entwicklung einer gesunden, ganzheitlichen Persönlichkeit automatisch. Auch die Herausbildung von angemessenen Zielvorstellungen und von Fertigkeiten, die für den Aufbau positiver menschlicher Beziehungen notwendig sind, ergeben sich fast von selbst. Emotionale und soziale Abweichungen können fast immer auf bestimmte Mängel im Erfahrungsbereich des Kindes zurückgeführt werden.

Die vier Voraussetzungen

Das Selbstwertgefühl beruht auf einem *Gefühl der Zufriedenheit*, das erst dann zustande kommt, wenn bestimmte Voraussetzungen im Leben des Kindes erfüllt werden. Die vier Voraussetzungen, die für die Herausbildung des Selbstwertgefühls erforderlich sind, werden im folgenden aufgeführt.

Das Zugehörigkeitsgefühl: *Es entsteht, wenn wichtige Beziehungen ein Gefühl der Zufriedenheit auslösen und wenn die Bedeutung solcher Beziehungen zu anderen bestätigt wird.*

Das Individualitätsbewußtsein: *Es kommt zustande, wenn ein Kind die Eigenschaften und Merkmale, die ihm einzigartig sind und die es als individuelle Persönlichkeit auszeichnen, als positiv akzeptiert und wenn er hierfür von anderen Achtung und Anerkennung erhält.*

Das Bewußtsein von Stärke: *Es entsteht, wenn ein Kind die Mittel, die Gelegenheit und die Fähigkeit hat, bestimmte Bereiche seines Lebens selbst zu beeinflussen.*

Soziale Orientierungsmuster: *Solche Denk-, Werte- und Vorstellungsmuster spiegeln die Fähigkeit des Kindes wider, auf Vorbilder Bezug zu nehmen. Sie sind die Voraussetzung für die Herausbildung von sinnvollen Werten, Zielen und sämtlichen persönlichen Maßstäben beim Kind.*

Das Zugehörigkeitsgefühl

Das Zugehörigkeitsgefühl eines Kindes wird durch folgende Faktoren gekennzeichnet:

- Das Kind fühlt sich als *aktives und wichtiges Mitglied einer Gruppe*. Es hat eine bestimmte *Funktion* innerhalb der Gruppe, sei es in der Familie, im Klassenverband, in einer Clique, in einer Mannschaft, einer Arbeitsgruppe usw.
- Das Kind spürt eine *echte Beziehung zu anderen Menschen*. Eine echte Beziehung beruht auf guter Kommunikation, auf gemeinsamen Gefühlen und einem hohen Maß an gegenseitiger Wärme und Fürsorge.
- Die *Identifikation mit bestimmten Gruppen*. Wenn das Kind sich mit bestimmten Gruppen identifiziert, kann es seine Zugehörigkeit konkret ausdrücken (z. B. gehört es zur Familie Schmidt, zur Klasse 4 a, zur Fußballmannschaft usw.). Dadurch ist das Kind imstande, seine Identität (teilweise) genauer zu definieren, und sein Zugehörigkeitsgefühl gewinnt einen spezifischen und konkreten Charakter.
- Die *Verbundenheit mit der Vergangenheit*. Die meisten Kinder hören sich sehr gern Geschichten über ihre Eltern oder über sich selbst als Babys an, da sie ihnen ein Gefühl der Verwurzelung in der Vergangenheit verleihen.
- Kinder brauchen *das Gefühl, daß ihnen etwas Wichtiges gehört*. Schon kleine Kinder zeigen eine starke Zuneigung zu bestimmten *Dingen*, die sie als ihren eigenen Besitz betrachten. Dies drückt sich auch in der Begeisterung für das Sammeln aus und bildet die Grundlage für die Entwicklung näherer Beziehungen jeder Art.
- Kinder brauchen *das Gefühl, daß sie jemandem gehören*. Das damit verbundene Gefühl der Sicherheit wird verstärkt, wenn Kinder zusätzlich spüren, daß sie von den entsprechenden Personen versorgt und beschützt werden.
- *Die Personen oder Dinge, mit denen sich das Kind verbunden fühlt, werden auch von anderen geschätzt*. Wenn die Familie, die Freunde, die Schule, die Religion oder die Rasse des Kindes von anderen abgelehnt oder verspottet werden, wird damit das Selbstwertgefühl des Kindes verletzt.
- *Das Gefühl, für andere wichtig zu sein*. Dies bedeutet, daß dem

Kind Beachtung geschenkt wird und daß seine Meinungen und seine Bedürfnisse ernst genommen werden. Es bekommt das Gefühl, *erwünscht und beachtet* zu sein.
• *Die Vertrautheit mit dem eigenen Körper.* Das Kind fühlt sich im eigenen Körper wohl und vertraut in die eigenen körperlichen Fähigkeiten. Kinder, die keine Beziehung zum eigenen Körper haben, haben auch Schwierigkeiten, Beziehungen zu anderen Menschen einzugehen.

Jedes Kind kann sich mit einer Vielzahl verschiedener Personen oder Gegenstände verbunden fühlen. Dies hängt mit den höchst individuellen Erfahrungen eines jeden Menschen zusammen, so daß Kinder und Eltern diesbezüglich sehr unterschiedlich geprägt sein mögen und solche Gefühle nicht miteinander teilen können.

Kinder brauchen das Gefühl, daß sie mit wichtigen Personen in ihrem Leben – Eltern, Verwandten, Geschwistern, Freunden, Lehrern usw. – verbunden sind. Das Gefühl der Verbundenheit zu diesen Personen hängt unmittelbar mit Faktoren zusammen, die diese Beziehungen kennzeichnen, wie Wärme, Sicherheit, Verständnis oder Humor. Beziehungen, die durch Frustration, schlechte Kommunikation oder Ärger gekennzeichnet sind, schwächen das Gefühl der Verbundenheit.

Das Zugehörigkeitsgefühl kann auch auf «abstrakte» Gruppen übertragen werden – auch wenn die Beziehungen nicht eng oder intim sind. Für ein Kind können all seine Mitschüler wichtig sein, obwohl es nur einige von ihnen gut kennt. Vielleicht weiß es wenig über seine Lehrerin, aber die Tatsache allein, daß sie seine Lehrerin ist, macht sie zu einer wichtigen Person in seinem Leben. Vielleicht identifiziert sich ein Kind mit allen Farbigen, mit allen Fußballspielern, mit allen Katholiken. Es kann sein, daß sich ein Kind zu bestimmten Zeiten von unterschiedlichen Gruppen angezogen fühlt, aber auch, daß sein Zugehörigkeitsgefühl aufgrund seine Träume oder Wünsche noch verstärkt wird.

Wechselnde Lebensumstände können auch das Zugehörigkeitsgefühl eines Kindes beeinflussen. Während bestimmter Lebensphasen gewinnen verschiedene Beziehungen an Bedeutung. Ein Erwachsener, der beispielsweise eine gewisse Zeit im Ausland verbringt, wo er die Sprache nur wenig beherrscht, fühlt sich meistens zu anderen Landsleuten hingezogen, obwohl solche Beziehungen in seinem eigenen Land kaum zustande kommen würden. Mit Kindern verhält es sich ähnlich. Wenn sich ein Kind in einer ungewohnten Lage befindet, beruhen neue Kontakte auf Gemeinsamkeiten, die *gerade zu der Zeit* für das Kind wichtig sind. Deshalb entstehen häufig «merkwürdige» Freundschaften, die für Eltern unbegreiflich sind.

In den Beziehungen eines Kindes kann Treue ein Ersatz für Zuneigung darstellen. Freundschaften unter Kindern werden schnell gemacht und auch schnell gebrochen, und die Beziehungen zu Gleichaltrigen sind häufig ambivalent. Durch die Treue zu bestimmten Gruppen oder auch Institutionen kann sich manchmal ein Kind über seine eigenen Mißerfolge hinwegsetzen und sein Zugehörigkeitsbedürfnis befriedigen. Ein Kind hält beispielsweise eifrig zu einer Mannschaft, in der es der schlechteste Spieler ist.

Das Zugehörigkeitsgefühl bezieht sich nicht nur auf andere Menschen, sondern auch auf Orte und Dinge. Wenn menschliche Beziehungen problematisch werden, ziehen sich Kinder häufig an einen bestimmten Ort zurück oder wenden sich bestimmten Gegenständen zu, mit denen sie sich verbunden fühlen. Kinder können solche Gefühle mit den verschiedensten Gegenständen verbinden. Ein Spielzeug, ein Kleidungsstück, eine Decke, sogar ein Stück Holz können als Trost dienen, das Kind beruhigen und ihm ein Zugehörigkeitsgefühl verleihen. Auch Lieblingsorte, sei es ein Zimmer, eine Ecke, der Dachboden oder ein Schrank, können sich ändern. Solche Orte dienen ebenfalls dazu, das Zugehörigkeitsgefühl des Kindes zu aktivieren und zu verstärken. Eine emotionale Verbundenheit zu bestimmten Orten und Gegenständen äußert sich im Verhalten aller Kinder und ist nicht weniger bedeutsam als die Beziehungen zu anderen Menschen.

Ein Kind, das sich mit einer Vielzahl von Personen, Orten und Gegenständen verbunden fühlt und dem diese ein Gefühl der Zufriedenheit verleihen, hat höchstwahrscheinlich ein hohes Selbstwertgefühl. Ein Kind mit einem niedrigen Selbstwertgefühl hat nur wenige solcher Beziehungen. Sie sind dann von einer übermäßigen Abhängigkeit geprägt, da das Kind die Befriedigung (fast) all seiner Bedürfnisse erwartet. (Die Art und Weise, wie solche Erfahrungen von wichtigen Bezugspersonen beeinflußt werden können, wird in weiteren Kapiteln behandelt.)

Das Gefühl für die eigene Individualität kommt nur zustande, wenn ein Kind die Gelegenheit erhält, sein «Anderssein» auszudrücken. Kinder mit einem hohen Selbstwertgefühl erhalten viel Unterstützung und Anerkennung, weil sie «anders» oder «besonders» sind, und sie drücken diese Einzigartigkeit auf verschiedene Art und Weise aus. Ein Kind muß

- *sich selbst achten.* Es muß seine eigenen Leistungen wertschätzen und lernen, sich auf sich selbst zu verlassen. Kinder lernen dies, indem sie von wichtigen Erwachsenen geachtet und ernst genommen werden;
- *wissen, daß es etwas Besonderes ist,* auch wenn es viel mit anderen gemeinsam hat. Das Gefühl, etwas Besonderes zu sein, entsteht durch die Art und Weise, wie ein Kind von anderen Menschen behandelt wird;
- *das Gefühl haben, daß es bestimmte Dinge beherrscht, die kein anderer kann.* Häufig zeichnet sich ein Kind durch die *Art und Weise,* wie es etwas angeht oder durchführt, aus;
- *wissen, daß andere es als etwas Besonderes betrachten.* Ein Kind erfährt dies aufgrund der Äußerungen und des Verhaltens anderer. Dies bildet die Grundlage für die Entwicklung seines Individualbewußtseins;
- *die Gelegenheit haben, sich auf eigene Art und Weise auszudrücken.* Ein Kind, dem rigide Verhaltensmaßstäbe auferlegt werden und das keine Gelegenheit hat, alternative Verhaltensweisen zu entdecken, wird zu Angepaßtheit und Inflexibilität erzogen;
- *seine Phantasie und sein kreatives Potential zum Ausdruck bringen können.* Die natürliche Kreativität aller Kinder äußert sich durch phantasievolles Spielen. Wenn diese Ausdrucksformen kindlicher Phantasien, die uns mitunter merkwürdig vorkommen, unterdrückt werden, ziehen sich Kinder zurück, und ihre Entwicklung wird gehemmt;
- *gern anders sein* und gleichzeitig lernen, andere dadurch nicht zu stören. Kleine Kinder werden sich über ihre eigene Person freuen, wenn sie merken, daß sie diese Freude auch bei ihren Eltern hervorrufen. Eltern, die sich über die Individualität ihres Kindes nicht freuen, übertragen diese Gefühle auf ihre Kinder.

Es ist nicht leicht, das Gefühl der Einzigartigkeit bei einem Kind zu verstärken. In unserer Gesellschaft sind mit dem «Anderssein» einige Konflikte verbunden. Für Kinder ist es ein natürlicher Drang, nach Individualität zu streben, aber Erwachsene machen es ihren Kindern manchmal schwer.

Die wenigsten Eltern möchten, daß ihre Kinder so anders sind, daß sie von anderen Kindern oder Erwachsenen nicht akzeptiert werden. Einige Eltern sind sich nicht sicher, ob sie ihr Kind loben sollen, wenn es für das Verhalten des Kindes keine Norm gibt. Eltern, die sich guterzogene Kinder wünschen, neigen dazu, kindliches Verhalten zu formen, anstatt die Individualitätsbezeugungen ihrer Kinder zu akzeptieren. Verhalten scheint sich häufig aus der Elternperspektive eher durch Kritik als durch Lob beeinflussen zu lassen. Dies trifft zwar zu, hat aber nur kurzfristigen Erfolg.

Die Ängste, die Eltern mit dem «Anderssein» verbinden, beeinflussen die Art und Weise, wie sie auf die Individualität ihrer Kinder reagieren. In diesem Zusammenhang sollte aber betont werden, daß die Förderung der Individualität das Kind nicht automatisch zum Außenseiter macht.

Das Bedürfnis nach Individualität ist bei Kindern so stark, daß sie auch «negative» Eigenschaften als etwas Besonderes hervorheben, wenn andere Eigenschaften nicht genügend anerkannt werden. Ist dies der Fall, wird ein Kind solche Eigenschaften hartnäckig durchsetzen, als würde es dafür gelobt werden. Wenn sich ein Kind für den ungezogensten Schüler seiner Klasse hält, wird es jede Gelegenheit wahrnehmen, seine besondere Rolle zu bestätigen. Es wird versuchen, Unruhe zu stiften, auch wenn es weiß, daß es dafür bestraft wird. Übermäßige Kritik und Mißbilligung können zu der Entwicklung eines negativen Selbstbildes beim Kind führen.

Das «Besondere», das Kinder auf sich selbst beziehen, ändert sich je nach Alter und Lebensumständen. Häufig werden von Kindern und Erwachsenen völlig unterschiedliche Eigenschaften für etwas Besonderes gehalten. Es kann sein, daß ein sehr intelligentes Kind seine intellektuelle Begabung als etwas Selbstverständliches betrachtet und daß für ihn seine sportlichen Leistungen oder sein soziales Verhalten von viel größerer Bedeutung sind. Während das Kind inzwischen auf diesen Gebieten Anerkennung sucht, wird es aber von Erwachsenen weiterhin für seine akademischen Erfolge gelobt.

Jeder sucht nach Bestätigung oder Anerkennung für die Merkmale, die ihn als Individuum auszeichnen. Kinder sind in dieser Hinsicht wesentlich freier als Erwachsene. Sie lenken gern die Aufmerksamkeit anderer auf sich, um zu zeigen, was sie können. Wenn das Bedürfnis nach Anerkennung bei einem Kind nicht erfüllt wird, wird es auf seine Weise protestieren, indem es zu Verhaltensweisen greift, die ihm Aufmerksamkeit garantieren. Sehr schlechtes Benehmen ist häufig ein Zeichen dafür, daß das Gefühl der eigenen Individualität beim Kind erst schwach entwickelt ist.

Man kann einem Kind helfen, sich als etwas Besonderes zu fühlen, indem man ihm viele Möglichkeiten gibt, sich auszudrücken (sei es verbal, künstlerisch, körperlich, spielerisch oder auch im Rahmen der Arbeitsaufteilung im Haushalt). Kinder müssen durch positive Rückmeldungen und durch Anerkennung spüren, daß sich Erwachsene darüber freuen, wenn sie ihre Individualität zum Ausdruck bringen. Gleichzeitig sollte Kindern geholfen werden, *die Eigenschaften, die sie zu besonderen Individuen machen, zu erkennen.*

Ein Kind kann ein Gefühl seiner Einzigartigkeit auf mehreren Gebieten erfahren. Es kann sein, daß eine besonders gute Leistung des Kindes, die ihm Anerkennung brachte, ein Schlüsselerlebnis darstellt, aufgrund dessen das Kind eine bestimmte Eigenschaft als etwas Besonderes betrachtet. Kinder verbinden ihre besonderen Eigenschaften mit verschiedenen Dingen. Zum Beispiel mit
– körperlichen Fertigkeiten (Sport, Tanzen usw.)
– besonderem Können (Basteln, Organisieren)
– besonderen Begabungen (künstlerische, musikalische, akademische)
– ihrem Äußeren (groß, dick, hübsch, häßlich usw.)
– ihrer Herkunft (Geburtsort, Rasse, Vorfahren usw.)
– ihren Hobbys oder Interessen (Sammeln, Zelten, Eisenbahn usw.)
– ihrem Wissen (Tiere, Geschichte, besondere Wissensgebiete)
– dem, was sie tun (Karate, laut schreien, schnell laufen usw.)
– der Art, wie sie denken (Phantasie, Wunschträume, Humor)
– dem, woran sie glauben (religiöser Glaube, radikale Ideen, Skepsis)

Hat ein Kind ein hohes Bewußtsein von Stärke, dann spürt es, daß es sein Leben *selbst beeinflussen* kann. Hierfür müssen Kinder viele Fertigkeiten lernen. Sie müssen Gelegenheiten erhalten, eigene Entscheidungen zu treffen, und sie müssen ermutigt werden, Verantwortung zu übernehmen. Ein Kind muß

- *glauben, daß es seine Ziele meistens erreichen kann.* Diese Überzeugung entsteht und festigt sich, wenn ein Kind Erfolgserlebnisse hat. Eltern und Lehrer können einem Kind zu solchen Erlebnissen verhelfen;
- *wissen, daß es das Nötigste für sein Vorhaben bekommt.* Kinder brauchen mehrere Utensilien und Mittel, um ihre Ideen und Phantasien umsetzen zu können. Nicht nur Spielzeug und Geld, sondern alle möglichen Reste oder Trödel sollten ihnen zur Verfügung stehen;
- *das Gefühl haben, daß es für wichtige Dinge in seinem Leben verantwortlich ist.* Kinder, die über Dinge, die für sie wichtig sind, selbst Entscheidungen treffen dürfen, entwickeln Selbstvertrauen. Andererseits sollten Kinder nicht gezwungen werden, Entscheidungen zu treffen, die sie überfordern. Dies würde ihr Bewußtsein von Stärke lediglich schwächen;
- *sich mit seiner Verantwortung wohl fühlen.* Verantwortlichkeit kann sich nur entwickeln, wenn Kinder lernen, Verantwortung zu übernehmen. Damit sich ein Kind mit seiner Verantwortung wohl fühlt, braucht es aber auch die Unterstützung seiner Eltern. Sie sollten ihm die hierfür notwendigen Fertigkeiten vermitteln, die äußeren Voraussetzungen schaffen und ihm Anerkennung entgegenbringen;
- *wissen, wie Entscheidungen zu treffen und Probleme zu lösen sind.* Kinder haben eine natürliche Neigung zur Unabhängigkeit und Selbstbestimmung, die von Eltern unterstützt oder gehemmt werden kann. Sie kann gefördert werden, indem Eltern ihren Kindern die Freiheit gewähren, Entscheidungen zu treffen, aber auch, indem sie ihren Kindern zeigen, wie Probleme effektiv zu lösen sind;
- *wissen, wie es mit Druck und Stress zurechtkommen kann, damit es die Selbstbeherrschung nicht verliert.* Wir können Kindern helfen, ihre Gefühle zu kontrollieren, ohne daß wir sie

zu Robotern machen. Wenn Eltern ihre Kinder zu sehr beschützen, lernen die Kinder nur schwer, mit Stress-Situationen umzugehen;

• *lernen, seine erworbenen Fertigkeiten einzusetzen.* Sobald Kinder bestimmte Dinge können, brauchen sie die Gelegenheit, diese Fähigkeiten und Fertigkeiten auch anzuwenden. Kleine Kinder werden eine Tätigkeit unermüdlich wiederholen, bis sie überzeugt sind, daß sie es wirklich können, bevor sie sich einer neuen Sache zuwenden.

Stärkebewußtsein ist nicht mit Machtbesitz gleichzusetzen, sondern bezieht sich auf das *Gefühl*, das ein Kind hat, wenn die oben genannten Bedürfnisse erfüllt werden. Kinder, die andere durch schlechtes oder herrisches Benehmen zu manipulieren oder zu kontrollieren versuchen, zeigen lediglich, daß sie *Macht* anstreben, weil ihr *Stärkebewußtsein* nicht ausreichend entwickelt ist.

Verwöhnte Kinder haben oft ein niedriges Stärkebewußtsein, auch wenn sie scheinbar mehrere Situationen beherrschen. Wenn Sie ein verwöhntes Kind näher beobachten, stellt sich heraus, daß sein Verhalten nach einem bestimmten Schema abläuft und sich meistens leicht voraussagen läßt. Während es andere manipuliert, reagiert es ähnlich auf verschiedene Ereignisse und zeigt wenig Flexibilität. Verwöhnte Kinder vermeiden es, Verantwortung zu übernehmen, weil sie es gewohnt sind, daß andere, besonders ihre Eltern, ihnen Verantwortung abnehmen. Nicht nur ihre materiellen Wünsche werden erfüllt, sondern ihre Eltern neigen dazu, Entscheidungen für sie zu treffen und Dinge für sie zu tun, die sie ohne weiteres selbst tun könnten. Verwöhnte Kinder können mit Stress-Situationen nicht gut umgehen, und da ihre Probleme meistens von anderen gelöst werden, haben sie diese Fähigkeit für sich selbst nie gelernt. Sobald diese Kinder lernen, die Konsequenzen ihres Verhaltens zu spüren, beginnt sich ihr eigenes Bewußtsein von Stärke allmählich zu entwickeln.

Den Kindern Grenzen setzen, ihnen klarmachen, sich an Regeln halten zu müssen, Gelegenheiten bieten, Verantwortung zu übernehmen, von ihnen fordern, ihren Teil im Haushalt zu übernehmen – all diese Aufgabenstellungen sind entscheidende Faktoren für die Entwicklung des kindlichen Stärkebewußtseins.

- Angemessene klare Regeln sind Richtlinien, so daß Kinder wissen, welche Entscheidungen sie treffen können und einschätzen können, wie ihre Eltern reagieren werden. Angemessene Grenzen verstärken das Sicherheitsgefühl beim Kind.
- Indem Kinder lernen, Verantwortung zu übernehmen, die auf Entscheidungsfähigkeit und der Fähigkeit zur Problembewältigung beruht, wird die wichtigste Voraussetzung für den schulischen Erfolg erfüllt. Verantwortungsbewußte Kinder verschaffen sich ihre eigenen Erfolgserlebnisse.
- Aufgaben im Haushalt übernehmen bedeutet, daß Kinder neue Fertigkeiten lernen, oder Organisationsfähigkeit entwickeln, bereits erworbene Fähigkeiten und Fertigkeiten anwenden und an wichtigen Familiengeschehen teilnehmen, wodurch ihr Stärkebewußtsein insgesamt gefördert wird.

Soziale Orientierungsmuster

Das Vorhandensein von Orientierungsmustern führt dazu, daß Kinder bestimmte Phänomene des Lebens einordnen können. Solche Denkmuster spiegeln sich in den persönlichen Werten, Zielen und Idealen des Kindes wider sowie in seiner Fähigkeit, sich über seine eigenen Maßstäbe im klaren zu sein und ihnen gerecht zu werden. Andere Menschen, Ideen und Meinungen und die eigenen Erfahrungen des Kindes haben allesamt einen Einfluß auf die Herausbildung von Orientierungsmustern. Ein Kind muß

- *Menschen kennen, die sich als Vorbilder eignen.* Eltern, Lehrer, Geschwister, andere Verwandte und Freunde gehören zu denen, die das Kind nachzuahmen lernt. «Menschliche Vorbilder» können zum Lernprozeß positiv beitragen, vorausgesetzt, daß die Nachahmung zu erfolgreichen Erfahrungen führt;
- *in seine Fähigkeit, Gutes und Böses zu unterscheiden, vertrauen.* Kinder lernen moralische und ethische Maßstäbe, indem sie wichtige Bezugspersonen beobachten und ihnen zuhören und indem sie diese Maßstäbe selbst ausprobieren. Wenn Kinder bemerken, daß bestimmte Maßstäbe konsequent in ihrer Familie eingehalten werden, übernehmen die Kinder sie in der Regel auch für sich;
- *Werte und Meinungen haben, die funktionelle Verhaltensricht-*

linien darstellen. Solche Richtlinien bringen Verhaltensweisen hervor, die zu Erfolg und Belohnung führen. Kinder müssen sich ihrer eigenen Werte bewußt sein, so daß sie wissen, wann sie diese anzuwenden haben. Es ist wichtig, über Werte zu sprechen. Helfen Sie Ihrem Kind, sich über seine eigenen Werte Klarheit zu verschaffen und sie umzusetzen, so daß diese Werte als Richtlinien für sein Verhalten dienen können;

• *ein großes Erfahrungsspektrum haben, so daß es vor neuen Erfahrungen nicht zurückschreckt.* Jede Erfahrung verschafft neue Erkenntnisse über gültige Verhaltensrichtlinien. Ein Kind mit einem großen altersgemäßen Erfahrungsspektrum wird in der Lage sein, sich neuen Erfahrungen mit stets wachsendem Selbstvertrauen zu stellen;

• *die Fähigkeit entwickeln, auf Ziele hinzuarbeiten und sich über seine Ziele bewußt zu werden.* Indem ein Kind auf Ziele hinarbeitet, lernt es, seine Gefühle zu beherrschen, zu planen, Probleme zu lösen, und es erwirbt neue Fertigkeiten. Wenn Kinder kurz- oder langfristige Ziele erreichen, gewinnen sie Vertrauen in ihre eigenen Fähigkeiten. Auch kleine Kinder können lernen, daß sie beispielsweise erst ihr Spielzeug wegräumen müssen, bevor sie im Garten spielen dürfen;

• *seine Lebensumstände verstehen können.* Übermäßige Veränderungen, Unberechenbarkeiten, Konflikte und heftige Emotionen verwirren ein Kind. Wenn sich die Lebensumstände eines Kindes ständig ändern, nehmen auch seine Ängste zu. Das Kind weiß dann nie, ob es die Folgen seines Verhaltens richtig vorhersagen oder ein zielgerichtetes Vorhaben erfolgreich zu Ende führen kann;

• *die Maßstäbe erkennen, an denen sein Verhalten, sei es zu Hause oder in der Schule, gemessen wird.* Die Anerkennung wichtiger Bezugspersonen ist bei Kindern ein starkes Verhaltensmotiv. Wenn Maßstäbe unbeständig sind, wissen Kinder nicht, ob sie für ihr Benehmen gelobt oder getadelt werden. In vielen Fällen ist schlechtes Benehmen ein Versuch, die Maßstäbe herauszufinden;

• *wissen, wie man lernt.* Das Lernen erlernen beginnt, indem ein Kind seine natürliche Neugierde organisiert. Eltern können die Neugierde ihrer Kinder fördern und auf sie eingehen und gleichzeitig ihren Kindern helfen, die Motivation und Ausdauer, die für das Lernen erforderlich sind, zu entwickeln und zu festigen;

• *einen Sinn für eine geordnete Umgebung haben.* Wenn ein Kind in einem relativ geordneten Umfeld lebt, lernt es, zu organisieren, zu planen und Probleme effektiv zu lösen. Ist dies nicht so, wird es dem Kind erschwert, ein gutes Organisationsvermögen zu erlernen, und dies hat negative Auswirkungen auf seine schulischen Leistungen.

Die Vorbilder, die ein Kind beeinflussen, lassen sich in drei Kategorien unterteilen:
- *menschliche* Vorbilder: Menschen, die sich zur Nachahmung eignen
- *philosophische* Vorbilder: Ideen, die als Richtlinien für das Verhalten und für die Einstellung eines Kindes dienen
- *operative* Vorbilder: Denkstrukturen und Vorstellungen, die sich aus den Erfahrungen des Kindes ergeben und die weitere Handlungen bestimmen.

Ob Vorbilder auch «gute» sind, erweist sich durch die Erfolge oder Mißerfolge, die zustande kommen, wenn Kinder nach ihren Vorbildern handeln. Ein Kind übernimmt seine Einstellung zur Schule zunächst von seinen Eltern und Geschwistern. Wenn das Kind die Schule als etwas Positives betrachtet, wird es von vornherein seinen Verpflichtungen ernster nachgehen und entsprechend größere Lernerfolge haben.

Kinder übernehmen Vorbilder unbewußt. Die Vorbilder, die den größten Einfluß ausüben, sind diejenigen, die mit gefühlsbetonten Umständen verknüpft werden. Wenn ein Kind eine bestimmte Erfahrung mit tiefer Zufriedenheit, mit Wärme, Freude usw. verbindet, wird es diese Erfahrung in der Regel in sich aufnehmen. Dies trifft auch zu, wenn negative Assoziationen wie Angst, Traurigkeit oder Frustration eine Rolle spielen. Solche negativen Erfahrungen sind meistens viel schwieriger zu verbalisieren, aber dennoch haften sie dem Kind lange an und haben einen großen Einfluß auf sein Verhalten. Vielleicht können Sie sich an Ereignisse erinnern, die für Ihr eigenes Leben ausschlaggebend waren. Wahrscheinlich sind sie auch mit besonderen Emotionen, seien sie negativ oder positiv, verbunden.

Die folgenden Beispiele sollen versuchen, dies zu verdeutlichen. Kinder, die sehr früh positive Erfahrungen mit Büchern haben, deren Eltern beispielsweise mit Freuden lesen, werden sich in der Schule dem Lesen meistens mit erhöhter Motivation zuwenden. Als negatives Beispiel dient die Feststellung, daß Eltern, die ihre Kinder mißhandeln, häufig selbst in ihrer Kindheit mißhandelt wurden. Die Vorbilder, die ein Mensch als Kind erlebt, wirken sich auch auf den Erwachsenen aus.

Sobald Vorbilder übernommen werden, lassen sie sich kaum beeinflussen. Man kann sie mit Daten vergleichen, die in einem Computer (im Gehirn) gespeichert sind und nur mit großer Mühe gelöscht oder modifiziert werden können. Sowohl Lehrer als auch Eltern wissen, wieviel Zeit und Energie erforderlich sind, um das Verhalten eines Kindes zu ändern. Noch schwieriger ist es, Gefühle oder Einstellungen zu ändern. Auch wenn bestimmte Verhaltensmuster schmerzliche Folgen haben, wird sich ein Kind weiter nach seinen Vorbildern orientieren. Dieses Verhalten ändert sich erst, wenn mit neuen Vorbildern positive Erfahrungen verknüpft werden.

Bereits im Kindergartenalter, wenn Kinder mit anderen Menschen zusammenkommen und neue Lernprozesse beginnen, übernehmen Kinder Vorbilder, die ihre Eltern nicht mehr kontrollieren können.

Märchenfiguren, Schauspieler, Popstars und viele mehr werden nun als menschliche Vorbilder vorgezogen, wenn auch nur vorübergehend. In diesem Zusammenhang spielt auch das Fernsehen eine gewisse Rolle.

Alle Vorbilder werden von Kindern unbewußt übernommen. Die Empfänglichkeit für solche Vorbilder ist nicht mit Nachahmung, die bewußt abläuft, zu vergleichen. Die Nachahmung von Familienmitgliedern oder Kultfiguren dient als Mechanismus, der zur Verringerung von Unsicherheit führt und es dem Kind ermöglicht, sich mit einer stärkeren oder größeren Person zu identifizieren und mit alternativen Problemlösungen zu experimentieren.

Gerade weil die Nachahmung des Vorbildes unbewußt abläuft, lernen Kinder eher von ihren Vorbildern als durch kognitive Erklärungen. Dies gilt besonders für die Vermittlung von Werten, von religiösen Anschauungen und von zwischenmenschlichen Verhaltensweisen. Eltern können versuchen, komplexe Themenbereiche zu verbalisieren, aber solche Erklärungen werden von Kindern in der Regel nicht völlig verstanden oder akzeptiert. Statt dessen beruhen die Schlüsse, die Kinder für sich ziehen, auf ihren Beobachtungen. Eltern können nicht erwarten, daß ihre Kinder ihnen gehorchen, wenn sie sich selbst nicht an ihre Maßstäbe halten. Wenn Eltern für Werte eintreten, die das Kind mit starken positiven Gefühlen verbindet, wird das Kind meistens die Werte auch annehmen. Wenn das Verhalten der Eltern ihren Werten zu widersprechen scheint, werden die Bedürfnisse des Kindes übergangen. Auf diese Weise können auch regelmäßige Familienaktivitäten negative Assoziationen beim Kind auslösen. Wenn ein Kind beispielsweise gezwungen wird, mit seiner Familie zur Kirche zu gehen, dort aber die Erfahrung macht, daß sich seine Eltern überwiegend mit anderen Erwachsenen unterhalten, als wären sie z. B. bei einem Vereinstreffen, wird es möglicherweise die Kirche mit elterlichem *Desinteresse* für seine Person assoziieren. Eine ebenso starke negative Verbindung wird durch eine religiöse Erziehung ausgelöst, die sich durch mangelnde Sensibilität für die Bedürfnisse des Kindes und übermäßigen Zwang auszeichnet und die der Individualität des Kindes nicht genügend Rechnung trägt.

Wenn Kinder regelmäßig Situationen ausgesetzt sind, die sie mit negativen oder stressbeladenen Erfahrungen verbinden, entwickeln sie häufig eine starke Aversion gegenüber der beschriebenen und jeder ähnlichen Situation. Verwandtschaftsbesuche, Gottesdienste oder Einkaufengehen können aus verschiedenen Gründen zu Horrorvorstellungen werden, und sie werden von Kindern entweder mit großer Lustlosigkeit ertragen oder offen abgelehnt. Wenn sie zu regelmäßigen Einrichtungen innerhalb der Familie werden, prägen sie sich als negative Bilder ein und können im späteren Leben zu festen Prinzipien werden. Ein Kind, das bei Verwandtschaftsbesuchen permanent zu gutem Benehmen ermahnt wird, mag als Erwachsener jegliche enge familiäre Verbindungen als Persönlichkeitsbeschränkung ablehnen.

Zusammenfassung

Alle erwähnten vier Voraussetzungen für das Selbstwertgefühl sind gleichermaßen wichtig. Bei Kindern mit einem hohen Selbstwertgefühl sind das Zugehörigkeitsgefühl, das Individualitätsbewußtsein, das Bewußtsein von Stärke und Herausbildung von sozialen Orientierungsmustern allesamt gut ausgeprägt. Ein niedriges Selbstwertgefühl zeichnet sich meistens durch Probleme in zumindest einem dieser Bereiche aus.

In den folgenden Kapiteln werden praktische Hinweise gegeben, die es Ihnen ermöglichen sollen, Ihre Kinder einzuschätzen und festzustellen, wo sie Ihre Unterstützung benötigen.

3. Das Zugehörigkeitsgefühl: Probleme und Lösungen

In diesem Kapitel werden Verhaltensweisen beschrieben, die auf ein schwach ausgeprägtes Zugehörigkeitsgefühl bei Kindern schließen lassen. Es werden Ratschläge erteilt, die Ihnen helfen sollen, zusammen mit Ihrem Kind solche Probleme zu bewältigen. Zudem werden Vorschläge gemacht, die dazu dienen, das Zugehörigkeitsgefühl bei allen Familienmitgliedern zu fördern.

Wie sich Kinder mit einem schwach ausgeprägten Zugehörigkeitsgefühl verhalten

Zunächst sei gesagt, daß bei der Deutung von Verhaltensweisen generell Vorsicht geboten ist. Bei allen Kindern lassen sich viele der unten aufgeführten Verhaltensweisen von Zeit zu Zeit beobachten. Das Zugehörigkeitsgefühl ist Schwankungen unterworfen, die teils mit neuen Lebensumständen, teils mit dem jeweiligen Entwicklungsstadium des Kindes zusammenhängen. Aufgrund dessen sollten Eltern und Lehrer vor allem auf folgendes achten:

- *Verhaltensmuster*: Hierbei handelt es sich um problematische Verhaltensweisen, die immer wieder auftreten, auch wenn äußere Gegebenheiten sich geändert haben. Sie sind häufig ein Warnzeichen.
- *Emotionale Intensität*: Wenn beim Kind die im folgenden ge-

nannten Verhaltensweisen von heftigen Gefühlsausbrüchen wie Ärger oder Frustration begleitet werden, wird dadurch häufig signalisiert, daß das Kind Ihre Hilfe braucht.

• *Die Anzahl der Auffälligkeiten*: Wenn bei einem Kind mehrere der unten genannten Verhaltensweisen kontinuierlich zu beobachten sind, ist dies ein eindeutiger Beweis dafür, daß Probleme im Zusammenhang mit dem Zugehörigkeitsgefühl vorhanden sind.

Ein Kind mit einem schwach ausgebildeten Zugehörigkeitsgefühl fühlt sich in großen Gruppen meistens unwohl. Je mehr Personen an einer Aktivität teilnehmen, um so unbehaglicher fühlt es sich. Oft gibt sich das Kind wenig oder gar keine Mühe, an Aktivitäten innerhalb der Familie teilzunehmen und zieht es vor, bei größeren Familientreffen im Hintergrund zu bleiben. Häufig wird sich das Kind über seine Familie negativ äußern. Es schmäht die Leistungen anderer Familienmitglieder, findet bestimmte Eigenschaften seiner Familie lächerlich oder tut bestimmte gemeinsame Aktivitäten als banal ab. Vielleicht nimmt es nur an Familienausflügen teil, wenn gewisse Bedingungen berücksichtigt werden, z. B. wenn es einen Freund oder eine Freundin mitbringen darf, oder es findet Ausreden, um nicht teilnehmen zu müssen. Solche Kinder verbringen meistens viel Zeit allein, auch wenn sie an scheinbar interessanten Tätigkeiten teilnehmen könnten. Dies kann dazu führen, daß uns ihr Verhalten manchmal inkonsequent vorkommt. Ein Kind, das sich zum Beispiel für Sport interessiert, wird sich vielleicht weigern, in einer größeren Gruppe Sport zu treiben. Da sie viel Zeit allein verbringen, entwickeln diese Kinder Vorlieben für Beschäftigungen wie Lesen, Sammeln oder Fernsehen, die unabhängig von anderen durchgeführt werden können.

Mangelnde Kommunikationsbereitschaft ist ein Zeichen für ein schwach ausgeprägtes Zugehörigkeitsgefühl. Für Eltern und Lehrer ist es meistens nicht leicht herauszufinden, was in einem solchen Kind vorgeht, besonders wenn sie *versuchen*, mit dem Kind über dessen Gefühle zu sprechen. Die Kinder teilen wenig über ihre Erlebnisse in der Schule oder über ihre Beschäftigungen mit. Meistens müssen solche Informationen mühsam aus dem Kind herausgelockt werden.

Freundschaften sind für diese Kinder sehr wichtig. Dennoch ist die Einstellung der Kinder ihren Freunden gegenüber oft sehr ambivalent. Ein Kind hat vielleicht ein oder zwei Freunde gleichzeitig, aber da sich das Kind nicht zutraut, sich für eine Freundschaft zu engagieren, sind diese Freundschaften meistens nicht von Dauer. Oft weigert sich das Kind, mit einem angeblichen Freund zu spielen. Wenn Freunde das Kind verlassen, tut es häufig so, als wäre es ihm gleichgültig. Diese Kinder geben nicht zu, daß sie verletzt werden, oder sie legen ein aggressives Verhalten an den Tag, um ihre wahren Gefühle zu verbergen.

Meistens zeigen diese Kinder wenig Interesse für die Herkunft ihrer Familie, *auch wenn dies für ihre Eltern von Bedeutung ist.* Solche allgemeinen Beziehungen können erst dann für ein Kind von Interesse sein, wenn seine Bedürfnisse nach näheren, konkreten Beziehungen bereits erfüllt sind.

Es kommt leicht vor, daß ein Kind mit unterentwickeltem Zugehörigkeitsgefühl bei anderen Kindern und auch Erwachsenen nicht besonders beliebt ist. *Das Kind weiß häufig nicht, wie es sich anderen Menschen gegenüber verhalten soll.* Solches Wissen wird erst im Umgang mit anderen erworben und weiterentwickelt. Bei Freundschaften ziehen diese Kinder meistens eine passive Rolle vor und überlassen anderen die Initiative. Wenn diese Kinder anderen gegenüber ungeschickt, schüchtern oder unfähig auftreten, rufen sie leicht Ungeduld oder Frustration hervor. Sogar Eltern können sich in der Gegenwart ihres Kindes unwohl fühlen.

Diese Kinder kommen anderen häufig «träge» vor. Zu Hause zögern sie, freiwillig mitzuhelfen, und sie erwecken oft den Eindruck, als würden sie die Bedürfnisse anderer Familienmitglieder ignorieren. In Wirklichkeit scheuen sie sich lediglich davor, *mit ihnen zusammen* etwas zu tun. Jemandem zu helfen bedeutet gleichzeitig, auf ihn einzugehen, und eben dies löst Unsicherheiten und Ängste beim Kind aus.

Oft hat es den Anschein, als würden sich diese Kinder anderen Menschen anschließen, während sie sich in Wirklichkeit innerlich zurückziehen. Dieses Verhalten äußert sich vor allem in ihrem Verhältnis zu Erwachsenen. Die Kinder bleiben ständig in der Nähe der Erwachsenen und versuchen zu stören, aber sobald sie direkt angesprochen werden, wird ihnen merklich unbehaglich zumute, sie verstummen und winden sich. Dieses Verhalten läßt sich auch in der Interaktion mit anderen Kindern beobachten. Es spiegelt die Ambivalenz dieser Kinder wider – einerseits suchen sie Anschluß, aber gleichzeitig überwiegen ihre Unsicherheiten.

Kinder mit einem schwach ausgeprägten Zugehörigkeitsgefühl vermeiden auch die interessantesten außerschulischen Aktivitäten, wenn diese zu sehr interaktionsbetont sind.

Ein solches Kind ist *nicht notwendigerweise schüchtern oder zurückhaltend.* Es kann auch übermäßig aggressiv oder herausfordernd sein. Von anderen Aufmerksamkeit fordern ist nicht das gleiche, wie auf andere eingehen. Ein Kind, das solche Aufmerksamkeit auf sich lenkt, wird damit andere abstoßen und somit selbst zu einem Klima beitragen, das seinem Bedürfnis nach Zugehörigkeit entgegenwirkt. Der Wunsch nach Zugehörigkeit äußert sich dann durch eine Vielzahl von Verhaltensweisen, die meistens das Gegenteil bewirken. Das Kind ist vorlaut, es verspottet andere, ist aufdringlich und will immer im Mittelpunkt stehen. Es kann sein, daß es solche Verhaltensweisen von zu Hause gelernt hat und nicht weiß, wie es sich anders benehmen kann. Es wird auf andere, die im Rampenlicht stehen, immer neidisch sein, sei es zu Hause oder in der Schule.

Wenn sich Kinder auf diese Art und Weise verhalten, bekommen sie zwar die Aufmerksamkeit, die sie fordern, aber da sich diese meistens durch Kritik oder Strafen ausdrückt, stellt sie für das Kind kein befriedigendes Erlebnis dar. Die Kinder brauchen Wärme und Fürsorge. Und dennoch führen sie immer wieder Situationen herbei, *die die Erfüllung dieser Bedürfnisse von vornherein ausschließen.*

Sie gelten allgemein, vor allem in der Schule, als wenig konzentrationsfähige Kinder. Dies ist aber ein Trugschluß. Die Kinder richten ihre Aufmerksamkeit zwar nicht auf ihre schulischen Aufgaben, aber auf andere Menschen. Sie beobachten den Umgang anderer Kinder miteinander, phantasieren über Freundschaften und werden unsicher, wenn sie selbst angesprochen werden. Diese Kinder tun nicht, was sie tun sollen, sondern lediglich, was sie tun müssen, nämlich mit einem schwach ausgeprägten Zugehörigkeitsgefühl zurechtzukommen.

Und wenn menschliche Beziehungen für diese Kinder übermäßig anstrengend werden, wie es häufig der Fall ist, dann ziehen sie sich zurück und wenden sich bestimmten *Gegenständen* zu. Im Gegensatz zu Menschen können Spielzeug, Tiere oder sonstige

Gegenstände nicht widersprechen. Sie fordern nichts und verwirren auch nicht. Es ist viel einfacher, sich mit Gegenständen zu arrangieren als mit Menschen. Kinder mit Zugehörigkeitsproblemen neigen dazu, ihre Aufmerksamkeit beinahe wie besessen trotz des Verbots auf solche Gegenstände zu richten, zum Beispiel während des Schulunterrichts. Diese Gegenstände verleihen dem Kind auf andere Art und Weise ein gewisses Zugehörigkeitsgefühl und lassen seine Ängste und Unsicherheiten nicht außer Kontrolle geraten. Oft haben diese Kinder einen Lieblingsgegenstand, ein Kleidungsstück oder ein Spielzeug, von dem sie sich ungern trennen. Ein Zeichen ihrer Freundschaft einem anderen Kind gegenüber könnte darin bestehen, daß sie es gern mit einem solchen Lieblingsspielzeug spielen lassen.

Die Förderung des Zugehörigkeitsgefühls

Eltern und Lehrer können ihren Umgang mit Kindern mit einem schwach ausgeprägten Zugehörigkeitsgefühl auf ganz spezifische Art und Weise gestalten, ohne die Hilfe eines Familienberaters oder Kinderpsychologen in Anspruch nehmen zu müssen. Dies ist nicht immer leicht, kann aber zu gravierenden Verhaltensänderungen beim Kind führen.

Zeigen Sie Ihre Zuneigung durch körperliche Zuwendung
Körperlicher Kontakt, sei es ein sanftes Schulterklopfen oder eine warmherzige Umarmung, spielt eine Hauptrolle bei der Förderung des Zugehörigkeitsgefühls. Es ist wichtig zu wissen, wann und wie ein Kind einen solchen Kontakt will bzw. braucht. Aber der einzige Weg, um dies herauszufinden, besteht in dem Beobachten seiner Reaktion. Wenn ein Kind sich zurückzieht, reagieren Sie darauf mit Sensibilität. Manchmal neigen Kinder dazu, sich an Erwachsene anzulehnen und sich dann plötzlich zurückzuziehen. Manchmal erwidern sie die Zuwendung auf die gleiche Art und Weise. Wenn ein Kind sich gegen solche Zuwendung wehrt, sollte dies von den Eltern respektiert werden. Lassen Sie sich aber nicht

von einer angeblichen Ablehnung täuschen; jeder sucht nach körperlicher Nähe, vorausgesetzt, er fühlt sich dadurch nicht bedroht. Sie können diese Bedrohung abmildern, indem Sie durch kleine Gesten dem Kind immer wieder Ihre Nähe spüren lassen. Sehr anhängliche Kinder brauchen viel Körperkontakt, und sie müssen wissen, daß sie nicht immer selbst darum bitten müssen.

Viele Erwachsene wenden sich ihren Kindern auf eine abwesende Art und Weise zu, als würde es ihnen lästig fallen. Es ist wichtig, daß ein Kind echte Aufmerksamkeit spürt, ohne daß Sie dies unnötig übertreiben. Sehen Sie oder lächeln Sie das Kind an oder sprechen Sie mit ihm, wenn Sie sich ihm zuwenden. Körperliche Zuwendung und Blickkontakt stellen Möglichkeiten dar, die Aufmerksamkeit des Kindes auf Sie zu lenken, und für einige Kinder sind diese Arten der Zuwendung von sehr großer Bedeutung.

Strahlen Sie positive Gefühle durch ihren Gesichtsausdruck aus
Obwohl dies zunächst etwas seltsam klingen mag, sind sich viele Eltern und Lehrer nicht darüber im klaren, wie sich ihre Mimik auf Kinder auswirkt. Manche lächeln, wenn sie sich ärgern, oder runzeln die Stirn, wenn sie sich freuen. Wenn Erwachsene etwas sagen, aber durch ihren Gesichtsausdruck eine ganz andere Botschaft vermitteln, werden Kinder leicht verwirrt. Ein Lächeln oder ein Augenzwinkern kann manchmal viel mehr bewirken als viele Worte.

Blickkontakt kann Nähe oder Intimität verstärken, auch wenn Erwachsene oder Kinder sich dabei nicht ganz wohl fühlen mögen. Wenn Sie Ihren Ärger offen zum Ausdruck bringen, wird auch der Ausdruck ihrer positiven Gefühle glaubwürdiger. Sie können dies auch spielerisch mit Ihrem Kind durchgehen. Stellen Sie sich mit Ihrem Kind vor einen Spiegel und üben Sie verschiedene Gesichtsausdrücke, die zu verschiedenen Emotionen passen.

Sagen Sie es Ihren Kindern, wenn Sie sich über sie freuen
Erwachsene sind manchmal in dieser Hinsicht zurückhaltend, besonders wenn sie selbst als Kinder diese Art von Rückmeldung nicht erfahren haben. Für Kinder ist es wichtig, daß sie eine verbale Bestätigung Ihrer positiven Gefühle erhalten. Diese Erfahrung bildet auch die Grundlage dafür, daß Kinder lernen, anderen gegen-

über ihre Gefühle mitzuteilen. Dadurch, daß Eltern ihren Kindern ganz offen sagen, daß sie sie liebhaben oder sich über sie freuen, lernen Kinder diesen Umgang als etwas Natürliches kennen. Dadurch helfen Sie ihnen, positive Beziehungen zu anderen aufzubauen und fördern somit ihr Zugehörigkeitsgefühl.

Erteilen Sie spezifisches Lob

Die Mitteilung positiver Gefühle ist nicht notwendigerweise mit Lob gleichzusetzen. «Dein Bild gefällt mir», ist nicht dasselbe wie: «Du hast solche hübschen Farben benutzt. Mir gefallen besonders die Blau- und Rottöne.» Für Kinder ist es wichtig, zu wissen, worüber sich Eltern und Lehrer freuen und was sie in deren Augen gut gemacht haben. Sie müssen wissen, daß ihre Anstrengung anerkannt wird. Deshalb wirkt ein spezifisches Lob glaubwürdiger und fördert zugleich die Selbsteinschätzung des Kindes.

Lassen Sie Kinder wissen, daß Sie positive Verhaltensweisen anderen gegenüber bemerken

Kinder müssen den Umgang mit anderen lernen. Wenn Sie positive zwischenmenschliche Verhaltensweisen loben, erfahren Kinder einerseits, daß menschliche Beziehungen für Sie einen wichtigen Stellenwert haben, und sie erhalten die Verstärkung, die für die Weiterentwicklung ihres Verhaltensmusters notwendig ist. Es ist wichtig, daß Sie sich über gute Beziehungen innerhalb der Familie äußern und daß Sie Kinder wissen lassen, wie sich ihr Verhalten auf sie auswirkt. Solche Äußerungen sollten spezifischen Charakter haben; z. B. «Ich finde es schön, wenn du dich nicht mit deinem Bruder zankst» oder «Es freut mich, wenn du mir über die Schule erzählst.»

Kooperationsfähige Kinder werden meistens gemocht. Die einfachste Möglichkeit, Kindern klarzumachen, daß Kooperationsfähigkeit eine wichtige Rolle in menschlichen Beziehungen darstellt, besteht darin, ein Kind entsprechend zu loben.

Teilen Sie Kindern Ihre Gefühle mit

Erwachsene haben oft Gefühle, die eigentlich mit ihren Kindern nichts zu tun haben. Kinder müssen wissen, daß Ihre Gefühle nicht immer von deren Verhalten abhängen, sondern daß Sie auch mal gute, mal schlechte Tage haben. Wenn Sie sowohl Ihre Freude als auch Ihren Kummer teilen, wirken Sie auf Ihre Kinder menschlicher, weniger bedrohlich, und Sie stellen ein vielseitigeres Vorbild für gute zwischenmenschliche Beziehungen dar.

Manchmal weigern sich Eltern, ihre negativen Gefühle Kindern gegenüber auszudrücken, aus der Besorgnis heraus, sie könnten die Geborgenheit oder das Vertrauen der Kinder gefährden. Aber meistens werden Ängste ausgelöst, weil das Kind seine Umwelt nicht einzuschätzen vermag. Wenn Kinder spüren, daß ein Erwachsener depressiv ist, aber nicht wissen warum, entstehen häufig Ängste oder auch Schuldgefühle. Wenn Kinder Sie ärgern und Sie ihnen genau die Gründe erklären, erhalten sie die notwendige Information, um ihr Verhalten zu ändern. Verborgener Groll dagegen ruft Unsicherheiten hervor. Wenn Sie Ihren Ärger ehrlich äußern und sich nicht zurückziehen, lernen Kinder, mit solchen Gefühlen innerhalb einer Beziehung umzugehen. Indem Sie Ihre Gefühle mit Kindern teilen, fördern Sie das Gefühl der Geborgenheit und Sicherheit beim Kind – und Sie schaffen die Grundlage für ein positives Zugehörigkeitsgefühl.

Teilen Sie Ihre Interessen, Hobbys und Familienaktivitäten mit Ihren Kindern

Wenn Kinder ihre Eltern besser kennen, wird das Verhältnis zwischen ihnen verstärkt. Die Verbundenheit zu *Eltern ist grundlegend* für die Entwicklung eines positiven Zugehörigkeitsgefühls. Indem ein Kind erfährt, was *Sie* mögen, erhält es eine Grundlage an potentiellen Erfahrungen. Beziehen Sie Kinder in Ihre Tätigkeiten (Hobby, Haushalt usw.) ein, teilen Sie dabei Ihre Gefühle mit und erklären Sie, wie und warum Sie bestimmte Tätigkeiten ausführen.

Manchmal kann die Gegenwart von Kindern auch als störend oder ablehnend empfunden werden, und auch Eltern haben das Recht, sich zurückzuziehen bzw. allein zu sein. Aber wenn ein Kind ständig sein Interesse zum Ausdruck bringt, können Sie ihm eine bestimmte Zeit gewähren, um es mit einer bestimmten Tätigkeit vertraut zu machen. Es kann sein, daß das Kind mitlernt und gern weitermacht, aber auch, daß seine Neugierde befriedigt wird und es weiteres Interesse an der jeweiligen Sache verliert.

Hören Sie Kindern zu, ohne ständig zu urteilen

Diese «Kunst» stellt einen wichtigen Faktor im Umgang mit Kindern dar. Lassen Sie das Kind einfach reden, ohne sich verpflichtet zu fühlen, ständig zu kommentieren, Ratschläge zu erteilen oder Vorschläge zu machen. Umschreiben Sie das, was Kinder Ihnen erzählen, verwenden Sie Ich-Botschaften, um sie wissen zu lassen, daß Sie ihre Gefühle nachempfinden können und ermutigen Sie sie weiterzuerzählen. Indem Sie allgemeine Fragen stellen, gewähren Sie dem Kind den Freiraum, das zu erzählen, was es möchte. Manche Eltern manipulieren ihre Kinder durch sehr spezifische Fragen, die das Gespräch in eine von den Eltern bestimmte Richtung lenken. In solchen Fällen bekommen Kinder das Gefühl, man höre ihnen nicht richtig zu. Ein Beispiel hierfür sind die typischen Entweder-oder-Fragen: «Hast du deinen Bruder geschlagen? Ja oder nein?» Manche Situationen lassen sich nicht auf eine so einfache Formel bringen, sondern brauchen längere Erklärungen, um richtig beurteilt zu werden: «So einfach war es nicht. Wir haben uns gegenseitig gestoßen und haben uns beide wegen gestern geärgert. Wer zuerst zugeschlagen hat, ist nicht klar.» Solche Fragen beinhalten auch vereinfachte moralische Wertungen, die sich ebenfalls nicht auf jedwede Situation übertragen lassen. «Ich weiß, daß ich seinen Keks genommen habe, aber er hat so getan, als dürfe ich ihn nehmen, und dann fing er an loszuschreien.»

Zeigen Sie Kindern, daß Sie ihre besonderen Bedürfnisse oder Interessen anerkennen

Wenn ein Kind spürt, daß Sie sich für seine Neigungen interessieren, wird sein Zugehörigkeitsgefühl verstärkt. Sie können Ihre Aufmerksamkeit durch eine Reihe kleiner Gesten vermitteln; z. B. durch Zubereitung seines Lieblingsessens oder indem Sie etwas für sein Hobby kaufen oder ein Geschenk in seiner Lieblingsfarbe aussuchen. Vergessen Sie nicht, daß es sich um die Interessen des Kindes handelt und nicht um die Interessen, die Sie für das Kind als geeignet erachten.

Stellen Sie sehr schüchternen Kindern nicht zu viele Fragen

Für schüchterne Kinder kann es eine seelische Belastung sein, auf Fragen antworten zu müssen. Verwenden Sie eher Feststellungen als Fragen, wenn Sie mit dem Kind sprechen, so daß es Ihre Aufmerksamkeit spürt, sich aber nicht bedroht oder verunsichert fühlt. Manche Erwachsene neigen dazu, ein Kind auszufragen, um eine Reaktion hervorzulocken. Wenn ein sehr schüchternes Kind Ihnen seine Aufmerksamkeit schenkt, stellt dies schon eine Reaktion dar. Wenn Fragen gestellt werden müssen, sollten Sie mit Ja- oder Nein-Antworten zufrieden sein. Wenn ein Kind seine Schüchternheit verliert, wird es von allein zu ausführlicheren Antworten bereit sein.

Wie Sie das Zugehörigkeitsgefühl innerhalb der Familie fördern können

In jeder Familie herrscht ein bestimmtes Klima. Es wird bestimmt durch die Gefühle, Einstellungen, Regeln und Kommunikationsformen, die für die Familienmitglieder kennzeichnend sind. Die Qualität der innerfamiliären Beziehungen formt das Zugehörigkeitsgefühl des Kindes. Zudem wirkt sich das Familienklima auf das Zugehörigkeitsgefühl aller Familienmitglieder entsprechend positiv oder negativ aus.

Die Art und Weise, wie alle Familienmitglieder miteinander umgehen, spiegelt ihre Verbundenheit zueinander wider. In manchen Familien wird hauptsächlich gestritten und das Familienklima zeichnet sich durch entsprechende negative Stimmungen aus. In anderen Familien wird miteinander gespielt und man ist gern zusammen. In allen Familien kommt beides mal vor, aber alle Familien neigen eher zu dem einen oder anderen Verhalten. Das Familienklima bleibt meistens beständig. Es beruht auf sogenannten «Verhaltensnormen» bzw. unausgesprochenen «Regeln», die die Interaktion der Familienmitglieder bestimmen.

Eine solche Norm kann sich auf fast alles beziehen. Zum Beispiel:
– Kinder müssen ständig an ihre Aufgaben erinnert werden.
– In dieser Familie wird häufiger kritisiert als gelobt.
– Jeder achtet auf gute Manieren.
– Man geht aufeinander ein, wenn man miteinander spricht.
– Komplimente werden gemacht, wenn jemand etwas gut macht.

Um das Zugehörigkeitsgefühl innerhalb einer Familie zu fördern, müssen die Verhaltensnormen positive Beziehungen untereinander unterstützen. Welche Verhaltensnormen gelten in Ihrer Familie? Wirken sie sich positiv oder negativ auf das Zugehörigkeitsgefühl aus, und könnten einige Normen verändert werden, um bessere Beziehungen innerhalb der Familie herbeizuführen?

Die folgenden Anregungen sind dazu gedacht, innerfamiliäre Beziehungen zu verbessern und das Zugehörigkeitsgefühl des Kindes zu fördern. Zunächst soll aber zu etwas Vorsicht geraten werden. Wenn Sie vorhaben, das Klima innerhalb Ihrer Familie zu ändern, bedenken Sie, daß dies viel Zeit erfordert – vielleicht Monate. Sie können nicht erwarten, daß alle sofort kooperieren, nur weil Sie sich vorgenommen haben, etwas zu ändern. Besonders dann nicht, wenn das Zugehörigkeitsgefühl vorher sehr schwach ausgeprägt war. Kinder werden sich an neue Umgangsformen und Grenzen erst gewöhnen müssen, und es kann sein, daß sie erst nach längerer Zeit genügend Vertrauen haben, um bestimmte Veränderungen zu akzeptieren. Geben Sie sich und allen anderen genügend Zeit zu lernen und sich umzustellen. Auf lange Sicht gesehen, werden Sie sich darüber freuen.

Schaffen Sie Gelegenheiten für alle Familienmitglieder, miteinander zu arbeiten oder zu spielen.
Ereignisse, die alle Familienmitglieder einbeziehen, sollten geschaffen, koordiniert und durchgeführt werden. Gemeinsame Mahlzeiten können zu einem entsprechenden Familienereignis werden. Veranstalten Sie einen Garten- oder Haushaltstag mit Aufgabenverteilung für alle, und versehen Sie ihn mit einem besonderen Abschluß, z. B. einem Essen im Restaurant. Ein Picknick oder Familienausflug, zu dem jeder etwas beiträgt, kann viel Spaß bringen. Reservieren Sie einen Morgen in der Woche, an dem die Kinder zu Ihnen ins Bett dürfen und Sie ihnen Geschichten vorlesen. Wenn Sie etwas Außergewöhnliches vorhaben, zum Beispiel Renovieren oder den Kauf eines neuen Autos, dann lassen Sie jeden seine Meinung dazu äußern, auch wenn die endgültige Entscheidung bei Ihnen liegt. Auch ein gemeinsamer Fernsehabend kann zu etwas Besonderem werden, insbesondere wenn Sie Kleinigkeiten zu essen und zu trinken bereitstellen. Fragen Sie, was alle als Familie unternehmen möchten, und versuchen Sie, den Wünschen jedes einzelnen, aber auch Ihren eigenen, gerecht zu werden.

Stellen Sie bestimmte Regeln auf,
die das Zugehörigkeitsgefühl fördern können

Manche Regeln können Menschen voneinander trennen, z. B. wenn keiner das Zimmer eines anderen betreten darf. Andere Regeln wiederum können ein gutes Verhältnis unterstützen; z. B. jeder fragt um Erlaubnis, ob er die Sachen eines anderen benutzen darf. Die Familie kommt beispielsweise regelmäßig zusammen, um sich über Probleme zu unterhalten und nach gemeinsamen Lösungen zu suchen. Regeln sollten sowohl für Erwachsene als auch für Kinder gelten. Manche Regeln müssen sehr konsequent eingehalten werden; z. B., daß im Umgang miteinander nicht geschrien wird. Andere Regeln beruhen auf gegenseitiger Rücksicht; so z. B. keine laute Musik nach einer bestimmten Uhrzeit. Für Kinder ist es wichtig, daß sich die Familie an gewisse Richtlinien hält. Dadurch wird ihnen das Gefühl vermittelt, daß die Familie für etwas Wichtiges steht, und Regelmäßigkeiten sowie bestimmte Rituale werden zu wichtigen Bestandteilen des Familienlebens.

Schaffen Sie für alle Familienmitglieder
mehr Möglichkeiten, Persönliches miteinander zu teilen

Wenn Ihnen eines Ihrer Kinder etwas Wichtiges über sich anvertraut, z. B., daß es neue Freundschaften geschlossen oder neue Interessen entwickelt hat, ermutigen Sie es, diese Neuigkeiten auch anderen Familienmitgliedern mitzuteilen, beispielsweise bei einem gemeinsamen Essen. Wenn der Vater oder die Mutter unregelmäßige Arbeitszeiten haben, sollten dennoch besondere Mahlzeiten von Zeit zu Zeit stattfinden, die alle einschließen. Eltern haben eine Vorbildfunktion, wenn es darum geht, anderen über sich und seine täglichen Erfahrungen zu erzählen. Auch Geschichten über Ihren Arbeitsplatz oder über Reisen können Kinder interessieren, und Geschichten aus der Vergangenheit stoßen auf besonders großes Interesse. Nicht der Inhalt ist das Wichtige, sondern die Bereitschaft der Eltern, sich ihren Kindern gegenüber zu öffnen, besonders wenn ihre Gefühle in die Erzählungen eingebracht werden. Hören Sie sich die Probleme und Mitteilungen über die Gefühle Ihrer Kinder an, ohne sofort zu urteilen. Dies wird sie dazu ermutigen, sich häufiger Ihnen gegenüber zu öffnen.

Klären Sie die «Rollen», die jeder in der Familie einnimmt

Dies bezieht sich vor allem auf Verantwortung und Aufgabenverteilung. Jeder sollte gewisse Verantwortungen haben, die er konsequent einhält. Wer macht was in Ihrer Familie? Ist die Arbeitsaufteilung gerecht oder flexibel genug, um neue persönliche Bedürfnisse zu berücksichtigen? Und wer trifft die Entscheidungen? Es ist wichtig, die Rollenaufteilung an wechselnde Umstände anzupassen. Zum Beispiel, wenn die Mutter einen Beruf ergreift, müssen die anderen Familienmitglieder einen Teil ihrer Arbeit übernehmen. Strichlisten können manchmal nützlich sein. Welche Verantwortung haben die Kinder füreinander, besonders für jüngere Geschwister, und wo sind die Grenzen solcher Verantwortung? Manchmal verkörpern bestimmte Familienmitglieder eine «negative Rolle», zum Beispiel den Kasper, den Versager, das strenge oder weiche Elternteil, den Unartigen. Wenn sich solche Rollen fest einschleifen, ist es schwierig für die entsprechende Person, ihr Verhalten zu ändern. Sprechen Sie über solche Rollen und versuchen Sie gemeinsam, die Voraussetzungen für neue, angemessenere Rollen zu schaffen.

Fördern Sie eine positive Lösung von zwischenmenschlichen Problemen innerhalb der Familie

Ungeklärte Konflikte zerstören das familiäre Zugehörigkeitsgefühl. Nehmen Sie sich Zeit, um über solche Konflikte zu sprechen, z. B. indem Sie regelmäßige «Familienkonferenzen» abhalten. Die Betonung von Problemlösungen stellt im Gegensatz zu Vorwürfen eine wichtige Norm in der Familie dar. Die Aufstellung von Regeln und Grenzen in bezug auf Konfliktlösungen ist notwendig, auch wenn es nicht gelingt, jeden damit gänzlich zufriedenzustellen. Einfache Regeln, die einen heftigen Streit vermeiden helfen, können dazu beitragen, daß weniger Konflikte in der Familie entstehen. Kinder sollten die Möglichkeit haben, sich auszusprechen, oft ganz spontan, ohne daß sie immer sofort eine Lösung erhalten. Ermutigen Sie Kinder, eine Lösung innerhalb vernünftiger Grenzen zu finden (sich gegenseitig zu verprügeln stellt keine vernünftige Grenze dar). Auch im Bereich der Konfliktlösung haben Eltern eine Vorbildfunktion. Wenn Eltern mit ihren Konflikten nicht zurechtkommen, ist es für Kinder meistens genauso schwierig.

4. Das Individualitätsbewußtsein: Probleme und Lösungen

Im folgenden werden zunächst die typischen Verhaltensweisen beschrieben, die auf ein schwach ausgeprägtes Individualitätsbewußtsein beim Kind hinweisen. Anschließend geben wir Ihnen praktische Hinweise, die dazu dienen sollen, diese Probleme zu bewältigen und das Individualitätsbewußtsein auch unter allen Familienmitgliedern zu fördern.

Wie sich Kinder mit Individualitätsproblemen verhalten

Wie in Kapitel 3 bereits erwähnt wurde, werden bei allen Kindern von Zeit zu Zeit Verhaltensweisen auftreten, die mit diesen Individualitätsproblemen verknüpft sind. Achten Sie deshalb vor allem auf Verhaltensmuster (Verhaltensweisen, die in verschiedenen Situationen immer wieder auftreten), emotionale Intensität (Verhaltensweisen, die von starken Emotionen begleitet werden) und die Anzahl der Auffälligkeiten, die auf Individualitätsprobleme beim Kind schließen lassen.

Kinder mit einem niedrigen Individualitätsbewußtsein erlauben ihrer Phantasie keine freie Entfaltung. Beim Spielen lassen sich diese Kinder ungern von ihrer Phantasie leiten. Sie mögen keine Veränderungen, sondern fühlen sich am sichersten, wenn sie bestimmte Spiele immer wieder spielen können. Sie scheinen Wortspiele nicht zu mögen, erzählen selten Witze und sind meistens schlechte Lügner. Anstatt ihre eigenen Phantasien zu entwickeln, ahmen sie im allgemeinen andere nach. Bei neuen Tätigkeiten brauchen sie immer sehr genaue Anweisungen, da ihnen die notwendige Kreativität, um Eigeninitiative ergreifen oder eine individuelle Vorgehensweise entwickeln zu können, meistens fehlt.

Es kann sein, daß Kinder mit Individualitätsproblemen häufig angeben, aber meistens ist ihre Angeberei unangebracht, da sie in den verschiedenen Situationen immer wieder dasselbe vorführen. Kleine Kinder lieben es, ihr Können anderen vorzuführen. Diese Vorliebe stellt auch eine wesentliche Voraussetzung für die normale Entwicklung des Individualitätsbewußtseins dar. Wenn Kinder in diesem Entwicklungsstadium dafür die notwendige Anerkennung erhalten, werden sie im Schulalter kein großes Bedürfnis nach Angeberei haben. Kinder, die ein Individualitätsbewußtsein nicht entwickelt haben, versuchen durch Prahlerei die Anerkennung und das Lob, das sie früher nicht erhielten, herauszufordern, selbst dann, wenn sie dadurch lediglich Kritik oder Strafe auf sich lenken.

Paradoxerweise werden sich diese Kinder zurückziehen, wenn sie angesprochen oder in der Schule zu Tätigkeiten aufgefordert werden. Aber sobald andere im Mittelpunkt stehen oder einer kreativen Beschäftigung nachgehen, setzt ihre Angeberei wieder ein. Erwachsene reagieren auf solches Verhalten meistens sehr ungeduldig und gereizt. Zudem sind diese Verhaltensweisen häufig regressiv; sie wären für ein jüngeres Kind angemessen, nicht aber für die Altersstufe des jeweiligen Kindes.

Ein Kind mit Individualitätsproblemen hat selten oder nie originelle Ideen. Ihm scheint eine individuelle Betrachtungsweise zu fehlen, und sogar im Laufe desselben Gesprächs neigt es dazu, die Ideen anderer Gesprächspartner, vor allem wenn diese Personen ihm besonders imponieren, zu wiederholen. Wenn es innerhalb der Familie um bestimmte Problemlösungen geht, wird das Kind wenige Vorschläge dazu beitragen. Im allgemeinen zieht es das Bekannte oder Alltägliche dem Ungewohnten oder Neuen vor. Es besucht gern immer wieder die ihm bekannten Orte, hat aber selten Interesse an neuen Dingen oder neuen Aktivitäten. Meistens interessiert es sich kaum für neue Gesprächsthemen, die die Familie betreffen, und weigert sich nachzufragen oder sich damit zu beschäftigen.

Kinder mit einem schwach ausgeprägten Gefühl für ihre eigene Individualität *passen sich den Wünschen und Vorstellungen anderer Menschen an.* Andere nachzuahmen, sei es ihre Kleidung, ihr Verhalten oder ihre Meinungen, ist ein typisches Merkmal für diese Kinder. Oft lassen sie sich leicht von anderen führen oder übernehmen selbst die Initiative nur dann, wenn sie sich der Bestätigung anderer sicher sind. Wenn diese Kinder Unterstützung oder Aufmerksamkeit nicht erhalten, weil Lehrer oder Eltern beispielsweise gerade beschäftigt sind, werden sie merklich nervös oder unsicher.

Meistens ist es diesen Kindern unangenehm, wenn öffentlich ihr Verhalten auf irgendeine Weise als andersartig hervorgehoben wird, auch wenn sie hierfür gelobt werden. Sie erfahren das «Anderssein» als Belastung und können sich erst dann über ihre eigenen Leistungen freuen oder darauf stolz sein, wenn sie ein Gefühl für ihre eigene Individualität entwickelt haben. Verbunden hiermit ist die Neigung, die eigene Person und das eigene Können zu schmälern. Dies sollte nicht mit Bescheidenheit verwechselt werden. Diese Kinder sind wirklich der festen Meinung, daß sie zu etwas Besonderem nicht in der Lage sind, und es ist beinahe unmöglich, sie von dem Gegenteil zu überzeugen.

Meistens bringen diese Kinder wenig unterschiedliche Emotionen zum Ausdruck. Sie drücken nur selten spontane Freude oder Begeisterung aus, ebensowenig wie tiefe Trauer oder Depression. Sie erwecken den Eindruck, als wären sie sich ihrer eigenen Person nicht bewußt, als würden sie sich über ihr Verhalten oder ihre Gefühle wenig Gedanken machen, sondern eher dazu neigen, die Gefühlsäußerungen anderer zu übernehmen. Zum Beispiel: «Ich bin auch traurig, genauso wie Hans.»

Die Förderung des Individualitätsbewußtseins

Es gibt Möglichkeiten, das Individualitätsbewußtsein eines Kindes sehr positiv zu beeinflussen, ohne dem Kind zugleich alles zu gewähren. Ein positives Gefühl für die eigene Individualität bedeutet weder, daß ein Kind verwöhnt oder unkontrollierbar werden muß, noch daß es so «anders» wird, daß es sich nicht mehr an allgemeingültige Regeln zu halten braucht. Sich als etwas «Besonderes» zu fühlen heißt weder, besser zu sein als andere, noch daß sich ein Kind über soziale Normen hinwegsetzen darf.

Ermutigen Sie Kinder, ihre Meinungen auszudrücken, auch wenn diese von Ihren eigenen Vorstellungen abweichen
Auch wenn Sie anderer Meinung sind als Ihre Kinder, brauchen Kinder das Gefühl, daß Sie ihre Ideen respektieren. Dies gilt besonders dann, wenn Sie Ihren Kindern bei Problemlösungen helfen wollen. Kinder müssen wissen, daß sie ihre eigenen Vorschläge machen können, auch dann, wenn sie ihren Eltern seltsam vorkommen. Wenn Sie als Eltern besonnen reagieren, werden die Kinder solche Vorstellungen meistens von allein aufgeben, wenn sie merken, daß sie als Lösungsmöglichkeiten untauglich sind.

Lassen Sie Kinder wissen, daß Sie sie akzeptieren
Verleihen Sie den Gefühlen, Einstellungen und Meinungen von Kindern verbale Anerkennung. Auch wenn Sie manches nicht durchgehen lassen, können Sie dem Kind vermitteln, daß Sie seine Person annehmen und seine Gefühle oder Absichten nachempfinden können. Es ist wichtig, sich zu überlegen, warum sich ein Kind auf bestimmte Art und Weise verhält, so daß es sich auch dann angenommen fühlt, wenn Sie mit seinem Verhalten nicht einverstanden sind. Verständnis für das Kind sollte aber nicht mit Nachgiebigkeit verwechselt werden.

Sagen Sie dem Kind, was an ihm besonders oder anders ist
Mehrere Kinder können ähnliche Eigenschaften haben, aber jedes Kind sollte etwas Besonderes an der eigenen Person empfinden. Dieses Gefühl entsteht, wenn sich das Kind auf seine eigene individuelle Art und Weise ausdrücken kann, und es ist wichtig, daß das Kind hierfür anerkannt wird. Sagen Sie dem Kind, daß Sie das Individuelle an seiner Person bemerken: z. B. «Du kannst so schöne bunte Bilder malen»; «Du kannst so gut tanzen»; «Du hast dich so gut benommen, als deine Tante uns besucht hat». Auf diese Weise geben Sie dem Kind einen konkreten Bezugsrahmen für das Besondere an ihm. Für ein Kind ist es ebenso wichtig, daß Sie seine

Fortschritte bemerken: z. B. «Beim letztenmal konntest du nicht so gut klettern, aber jetzt machst du das ganz toll».

Bringen Sie Ihrem Kind vor allem bei, daß es nicht derselben Meinung sein muß wie andere und auch nicht dieselben Interessen teilen oder dieselben Abneigungen haben muß. Kinder müssen wissen, daß ihre individuellen Eigenschaften sie für andere Menschen nicht weniger annehmbar machen.

**Gewähren Sie Kindern den größtmöglichen Freiraum,
Aufgaben auf eigene Art und Weise zu erledigen**
Dies sollte natürlich nicht bedeuten, daß das Kind andere beleidigen oder ihre Rechte verletzen darf. Wenn Sie einem Kind eine Aufgabe stellen, gewähren Sie ihm die Möglichkeit, sie innerhalb eines angemessenen Zeitraumes und nach angemessenen Maßstäben auf seine eigene Art und Weise zu bewältigen. Wenn Sie das Kind hierfür anerkennen, wird sein Individualitätsbewußtsein gestärkt. Lassen Sie Kinder selbst entscheiden, wie sie beispielsweise ihr Spielzeug ordnen, wie sie ihr Zimmer einrichten, welche Farben sie bevorzugen usw.

**Geben Sie Kindern möglichst viele Gelegenheiten,
sich kreativ auszudrücken**
Sie sollten viele unterschiedliche Materialien zu Hause haben, z. B. Buntstifte, Farben, verschiedene Papiersorten, Holzreste usw., so daß ein Kind die Möglichkeit hat, sich auf unterschiedlichste Art und Weise auszudrücken. Sorgen Sie für Musik und ermutigen Sie Kinder, danach zu tanzen. Erfinden Sie mit dem Kind phantasievolle Geschichten. Wandeln Sie normale, alltägliche Aufgaben in phantasievolle Spiele um. Phantasie ist der beste Ersatz für materiellen Wohlstand, wenn es sich um kreativitätsförderndes Spielzeug handelt. Einfaches Spielzeug, das einem Kind erlaubt, seine Phantasie zu entwickeln, ist sehr wichtig. Auch alte Haushaltsgegenstände können zu wertvollem Spielzeug werden.

**Geben Sie Kindern viel Zeit,
ihren besonderen Interessen kreativ nachzugehen**
Es besteht kein Grund zur Besorgnis, wenn sich Kinder scheinbar besessen einer bestimmten Aktivität zuwenden. Die Interessen von Kindern ändern sich mit der Zeit, auch wenn sie sich über

einen längeren Zeitraum mit einer Sache sehr intensiv beschäftigen. Oft lieben es Kinder, Räumlichkeiten kreativ umzugestalten, z. B. unter einem Tisch eine Höhle zu bauen. Kinder mit einem stark ausgeprägten Individualitätsbewußtsein sehen kreative Möglichkeiten in den gewöhnlichsten Orten oder Gegenständen. Kostüme oder alte Kleidungsstücke regen die Phantasie des Kindes an. Bücher aus der Bücherei können das Interesse für ein bestimmtes Thema fördern. Hören Sie zu, wenn Kinder Ihnen Geschichten über ihre Tätigkeit erzählen. Bei manchen Menschen entstehen während der Kindheit bestimmte Leidenschaften, die sich zu Interessen entwickeln und sie ihr Leben lang begleiten. Vermeiden Sie es, solche besonderen Interessen geringzuschätzen.

Vermeiden Sie es, Kinder lächerlich zu machen
Es ist manchmal notwendig, bestimmte Grenzen zu setzen, aber durch Spott erfährt ein Kind lediglich, daß es mit seiner Art, sich auszudrücken, falsch liegt. Die Angst, lächerlich gemacht zu werden, hält ein Kind davor zurück, sich frei zu entfalten. Das Kind spürt, daß es nach Maßstäben beurteilt wird, die ihm fremd sind und bekommt das Gefühl, daß seine eigene individuelle Vorgehensweise keine Achtung findet. Wenn Sie Grenzen setzen, sollten Sie dem Kind ausdrücklich zu verstehen geben, daß diese Beschränkungen bestimmten Tätigkeiten, nicht aber seiner Person gelten.

Helfen Sie Kindern, sich auf akzeptable
Art und Weise auszudrücken
Meistens ist der Grund für Kritik nicht, *was* ein Kind macht, sondern *wie* und *wo* es etwas macht. Ein Kind kann beispielsweise ohne weiteres in seinem Zimmer laut spielen, nicht aber dort, wo sich seine Eltern mit Freunden unterhalten wollen.
Es darf seine Farben gern am Küchentisch ausbreiten, aber nicht auf dem Sofa im Wohnzimmer. Nicht die Tätigkeit an sich, sondern der Lautstärkepegel kann zum Beispiel zum Problem werden, wenn das Kind mit anderen Familienmitgliedern zusammen ist. Helfen Sie Kindern, sich zu beschäftigen, ohne dabei andere zu stören. Auf diese Weise werden sich Kinder ihrer Wirkung auf andere Menschen bewußt. Wenn ein Kind etwas macht, heißt es nicht, daß andere sich nur nach ihm zu richten haben. Ein Kind

kann in eine Tätigkeit so versunken sein, daß es seine Umwelt und die Menschen um sich herum völlig vergißt. Für Erwachsene ist es wichtig, in diesen Situationen tolerant und geduldig zu sein. Machen Sie Vorschläge, wie das Kind seiner Kreativität Ausdruck verleihen kann, ohne anderen dabei lästig zu werden, und wenn das Kind diese Vorschläge befolgt, verstärken Sie sein Verhalten durch Lob und Anerkennung.

Schaffen Sie eine vertraute Atmosphäre, wenn Sie Kinder mit einem schwach ausgeprägten Individualitätsbewußtsein loben wollen

Kinder mit einem niedrigen Individualitätsbewußtsein werden leicht verlegen, wenn sie vor anderen – auch innerhalb der Familie – übermäßig gelobt werden. Warten Sie statt dessen, bis Sie in einer vertrauten Atmosphäre mit dem Kind allein sind. Zum Beispiel wenn Sie es zu Bett bringen. Wenn Sie das Kind zur Seite nehmen und ihm ein Lob ins Ohr flüstern, wird es dies als etwas Besonderes auffassen.

Wie Sie die Individualität innerhalb der Familie fördern können

Wie bereits in Kapitel 3 erwähnt, spiegelt das Selbstwertgefühl eines Kindes das Familienklima, das wiederum von den herrschenden Verhaltensnormen bestimmt ist, wider. Innerhalb einer Familie kann ein Klima herrschen, welches das Individualitätsbewußtsein eines Kindes fördert. Hierfür sollten folgende Gesichtspunkte sorgfältig beachtet werden.

Einer der Hauptfaktoren in diesem Zusammenhang besteht in den Normen, die innerhalb der Familie in bezug auf Individualität gelten. Welches Maß an Vielfalt wird innerhalb der Familie geduldet? Gibt es vorgeschriebene Methoden, um bestimmte Tätigkeiten auszuführen? Können Familienmitglieder anders sein, ohne Gefahr zu laufen, lächerlich gemacht oder kritisiert zu werden? Ein Klima, das zur Förderung des Individualitätsgefühls beiträgt, zeichnet sich dadurch aus, daß jedes Familienmitglied für die ihm individuelle Art, wie es Ideen, Gefühle oder Meinungen zum Ausdruck bringt, respektiert wird. Ein solches Klima wird durch das Festsetzen von bestimmten Grenzen nicht beeinträchtigt; Richtlinien, die *Umgangsformen* betreffen, sind gut und richtig, vorausgesetzt, die Möglichkeit der ungezwungenen Meinungsäußerung bleibt unberührt.

Zimmereinrichtungen können das Individualitätsbewußtsein beeinflussen

Jedes Familienmitglied braucht eine eigene Privatsphäre, sei es ein Zimmer oder gewisse Orte, wie Regale, Schränke oder andere Möbelstücke. Kinder, die ein Zimmer teilen, müssen nicht alles, was sich darin befindet, auch miteinander teilen. Jeder mit einem eigenen Zimmer sollte die Art der Einrichtung zum größten Teil selbst bestimmen dürfen. Richtlinien sollten aufgestellt werden, die dazu dienen, die Privatsphäre, vor allem die persönlichen Dinge jedes einzelnen, zu schützen. Es muß aber darauf hingewiesen werden, daß die Förderung des Individualitätsbewußtseins auch seinen Preis hat. Wenn Individualität respektiert wird, kann es von Zeit zu Zeit zu leicht chaotischen Zuständen kommen. Nicht jeder wird zur gleichen Zeit das gleiche machen. Kreativität bringt manchmal Unordnung mit sich. Wenn Sie sich an Ordnung und Gemeinsamkeit innerhalb der Familie zu sehr halten, wird die Förderung von Individualität leiden müssen, und umgekehrt gilt das gleiche. Eltern müssen einen akzeptablen Mittelweg für sich finden. Wenn Eltern das Gefühl haben, alles kontrollieren zu müssen, wird die Entwicklung des Individualitätsbewußtseins zu kurz kommen. Es hängt davon ab, wie sehr Sie es Ihren Kindern erlauben, sich in eine andere Richtung als die Ihrige zu entwickeln.

Die Familie als Institution und die damit verbundenen Forderungen sollten nicht dafür benutzt werden, Kindern Schuldgefühle einzuflößen oder um ihr Verhalten zu kontrollieren. Jeder einzelne in der Familie hat einen Einfluß auf den Ablauf bestimmter Familienangelegenheiten, und so sollte es auch sein. Manchmal müssen die Bedürfnisse des einzelnen Vorrang gegenüber festen Familiengewohnheiten haben. Wenn zum Beispiel ein Kind eine große Enttäuschung erlebt hat oder sehr traurig ist, ist es wichtiger, auf die Gefühle des Kindes spontan einzugehen, als feste Essens-

oder Schlafenszeiten rigoros einzuhalten. Die Förderung des Individualitätsbewußtseins bedeutet, daß jedem die Möglichkeit gewährt wird, vom normalen Familienalltag abzuweichen. Wenn ein Kind oder einer der Eltern gerade mit einem bestimmten Projekt sehr beschäftigt ist, sollte dies als Grund respektiert werden, um beispielsweise nicht an einem Familienausflug teilnehmen zu müssen.

Heben Sie die Belohnungen für gute Leistungen hervor anstelle der Bestrafungen für schlechte Leistungen

Obwohl Grenzen und Regeln manchmal Sanktionen erfordern, brauchen Kinder Belohnungen, damit sie ihre guten Leistungen erkennen können. Solche Belohnungen sollten so weit wie möglich auf das Individuelle des Kindes eingehen und seinen besonderen Interessen oder Werten entgegenkommen. Mit einer Überraschung können Sie dem Kind zu verstehen geben, daß seine Mühe auf einem besonderen Gebiet anerkannt und geschätzt wird. Ermutigen Sie Kinder, ihre besonderen Fertigkeiten oder Begabungen zu nutzen, indem Sie es dafür loben oder belohnen.

Berücksichtigen Sie die besonderen Fähigkeiten, Begabungen oder Interessen des Kindes bei der Arbeitsaufteilung im Haus

Wenn Kinder in bestimmten Aufgaben geübt sind oder sich gut auskennen, werden sie solche Aufgaben erfolgreich ausführen können. Dies wirkt sich auf ihr Individualitätsgefühl positiv aus. Ein Kind mag ein bestimmtes Kochrezept sehr gut vorbereiten können – und sollte die Gelegenheit erhalten, dies von Zeit zu Zeit für seine Familie zu tun. Dies alles gilt aber für alle Familienmitglieder, auch für die Eltern. Auch Eltern machen bestimmte Dinge besonders gut oder gern und sollten hierfür ebenso anerkannt werden.

Regeln müssen nicht eingehalten werden, wenn unvorhergesehene Umstände dies erfordern

Das rigorose Einhalten von Regeln, auch wenn etwas Unerwartetes passiert, läßt die individuellen Bedürfnisse der Familienmitglieder nicht zur Geltung kommen. Nur weil eine Regel gelegentlich nicht eingehalten wird, heißt es nicht, daß diese Regel belanglos ist, wenn Sie deutlich auf die Besonderheit der Umstände hinweisen. Andererseits kann durch zu viele besondere Umstände eine unnötige Verwirrung entstehen. Flexibilität bedeutet nicht Laschheit. Die Förderung des Individualitätsbewußtseins beruht auf besonderen Fertigkeiten, die Eltern und Lehrer allmählich erlernen und erweitern müssen. Bedenken Sie, daß man vernünftige und angemessene Regeln die meiste Zeit einhalten kann und daß ihre Nichteinhaltung nicht notwendigerweise zu chaotischen Zuständen führen muß.

Wir würden Sie falsch beraten, wenn wir die Förderung des Individualitätsbewußtseins eines Kindes als eine leichte Aufgabe darstellten. Sie erfordert ein großes Maß an Klarheit, Flexibilität und Geduld seitens der Eltern, aber auf lange Sicht wird ein Kind von Ihren Bemühungen sehr profitieren. Das Selbstwertgefühl eines Kindes beruht auf einem angemessenen positiven Gefühl für die eigene Individualität.

5. Das Bewußtsein von Stärke: Probleme und Lösungen

In diesem Kapitel werden wir uns mit dem Stärkebewußtsein bei Kindern beschäftigen. Dabei werden die Probleme bei der Entwicklung dieses Bewußtseins geschildert und Möglichkeiten seiner Förderung sowohl beim Kind als auch innerhalb der Familie dargestellt.

Wie verhalten sich Kinder mit einem schwach ausgeprägten Stärkebewußtsein?

Auch an dieser Stelle möchten wir Sie erneut zur Vorsicht mahnen, da bei allen Kindern diese Verhaltensprobleme von Zeit zu Zeit beobachtet werden können.

Kinder mit einem schwach entwickelten Stärkebewußtsein sind oft *eigensinnig und herrisch*. Sie bestehen darauf, ihren Willen durchzusetzen, auch wenn ihre Wünsche völlig unvernünftig sind. Sie versuchen häufig, ihre Geschwister und ihre Eltern herumzukommandieren, und sie gehen ungern auf die Vorschläge anderer ein. Auch wenn ein solches Kind in vielen Situationen tyrannisch auftritt, wird es vermeiden, für andere Verantwortung zu übernehmen. Es mag versuchen, seine Geschwister zu drangsalieren, aber sobald es auf sie aufpassen soll, wird die Situation rasch zu einem Streit ausarten. Herrisch sein und mit anderen gut zurechtkommen stellen zwei Gegensätze dar. Wenn ein solches Kind von Gleichaltrigen angenommen wird, wird es eher ein Mitläufer sein, als eine führende Rolle innehaben, auch wenn es versucht, auf die anderen Einfluß auszuüben.

Solche Kinder neigen dazu, *hilflos zu sein* und *leicht aufzugeben*, wenn sie auch nur leichten Schwierigkeiten begegnen. Sie kommen mit Frustrationen überhaupt nicht gut zurecht. Indem sie aufgeben und sich als hilflos darstellen, zwingen sie andere dazu, Verantwortung für sie zu übernehmen. Tatsache ist, daß dieses Verhalten eine Art der Machtausübung darstellt, da das Kind auf diese Art und Weise andere nötigt, aktiv zu werden. Das Resultat ist ein gewisses Machtgefühl, bei dem allerdings die Zufriedenheit, die ein gesundes Stärkebewußtsein begleitet, fehlt. Diese Kinder nutzen fast jeden Vorwand, um ihr Aufgeben zu rechtfertigen: sie klagen über Schmerzen, tun die Sache als unwichtig ab, tun so, als wüßten sie nichts davon oder versprechen, es später zu erledigen usw. Diese Eigenschaft ist eine ständige Frustrationsquelle für Eltern und Lehrer, die genau wissen, daß das Kind durchaus in der Lage ist, bestimmte Dinge zu bewältigen. Ein schwach ausgeprägtes Stärkebewußtsein hält das Kind davon ab, sein Können anzuwenden.

Oft zeichnet sich ein Kind mit einem niedrigen Stärkebewußtsein durch *körperliche Ungeschicklichkeit* und *Unfähigkeit* aus. Anstrengende sportliche Aktivitäten bereiten ihm Schwierigkeiten und es weigert sich, an Tätigkeiten wie Balancieren oder Klettern, die mit leichter Gefahr verbunden sind, die aber Gleichaltrige ohne weiteres ausüben, teilzunehmen. Solche Kinder neigen dazu zu stolpern, Sachen fallen zu lassen und sich an allen möglichen Gegenständen zu stoßen, so, als hätten sie keinen richtigen Bezug zum eigenen Körper. Dieses Verhalten resultiert aus Ängsten, die zu körperlichen Anspannungen führen und die die Anmut und Geschicklichkeit, die bei Kindern mit einem hohen Selbstwertgefühl zu beobachten sind, hemmen.

Normalerweise werden es Kinder mit einem niedrigen Stärkebewußtsein *vermeiden, Verantwortung zu übernehmen*. Wenn ihnen Aufgaben erteilt werden, werden sie diese häufig vergessen, oder sie erfinden Ausreden, verbringen viel zuviel Zeit mit den einfachsten Aufgaben oder entziehen sich der Situation, indem sie einfach davonlaufen. Dieser Mangel an Verantwortung erstreckt sich bis hin zur eigenen Person. Die einfachsten Tätigkeiten wie sich anziehen, rechtzeitig aufstehen, sich an Wichtiges erinnern oder wichtige Vorbereitungen treffen, werden zu Problemen. Diese Kinder gelten häufig als «verwöhnt». Indem sie Verantwortung vermeiden, bringen sie andere dazu, diese für sie zu übernehmen. Lehrer geben ihnen zusätzliche Hilfe oder Eltern erledigen bestimmte Sachen anstelle des Kindes. Es hat manchmal den Anschein, als würden solche Kinder durch ihre Unverantwortlichkeit sogar Vorteile haben, aber Tatsache ist, daß sie aufgrund ihres niedrigen Stärkebewußtseins viele Gelegenheiten, die zu Erfolgserlebnissen führen könnten, versäumen.

Diese Kinder e*rgreifen keine Initiative*, sondern warten darauf, daß andere es tun. Sie langweilen sich schnell, und trotzdem warten sie, bis andere etwas Neues anregen. Auch dann zeigen sie häufig keinen großen Enthusiasmus, besonders wenn von ihnen etwas Einsatz verlangt wird. Man muß sie an ihre Aufgaben im Haus erinnern und meistens darauf achten, daß sie diese auch zu Ende führen. Diese Eigenschaften treten auch bei Beschäftigungen auf, die die Kinder gern mögen. Oft werden die einfachsten Dinge, die zur Erreichung eines Ziels erforderlich sind, nicht erledigt. Zum Beispiel: Das Kind weigert sich, einen Freund anzurufen, obwohl es niemanden zum Spielen hat.

Diese Kinder *vermeiden Herausforderungen*, auch bei einfachen Aufgaben, und wirken hilflos, sobald ihnen irgend etwas begegnet, das *sie selbst als Herausforderung auffassen*. Auch wenn Eltern genau wissen, daß das Kind in der Lage ist, ein bestimmtes Problem zu bewältigen, wird das Verhalten des Kindes durch seine eigene Einschätzung beeinflußt. Dies kann zu Konflikten führen, wenn die Eltern das Verhalten des Kindes als Faulheit auffassen. Tatsache ist, daß sich das Kind stärker vor Mißerfolgen als vor dem Zorn seiner Eltern fürchtet.

Ein schwaches Stärkebewußtsein ist in der Regel mit einer mangelnden Selbstbeherrschung verbunden. Dies äußert sich durch häufige Wein- oder Wutanfälle oder durch depressive Stimmungen, aus denen sich das Kind ohne die Hilfe anderer nicht befreien kann. Oft reagiert ein solches Kind auf scheinbar unwichtige Ereignisse mit unerwartet heftigen Gefühlen, die bei Eltern große Ratlosigkeit auslösen. Dies ist keine Spielerei, sondern beruht auf der Tatsache, daß sich diese Kinder häufig nicht im klaren darüber sind, warum sie auf eine bestimmte Weise und sogar worauf sie letztendlich reagieren. Ihr Weinen oder Ärger werden nicht durch das jeweilige Ereignis ausgelöst, sondern durch ihr niedriges Stärkebewußtsein bzw. durch einen inneren Zustand, über den die Kinder zu berichten nicht imstande sind.

Kinder mit einem schwach ausgeprägten Stärkebewußtsein versuchen dies zu kompensieren, indem sie *es darauf anlegen, Macht über andere auszuüben*. Sie mögen mitunter ihren Willen durchsetzen und den Ton angeben wollen, aber meistens erweisen sie sich nicht als sonderlich kompetent und übersehen dabei häufig die Rechte oder Bedürfnisse anderer. Sie neigen dazu, blindlings darauf zu bestehen, daß ihre Vorschläge die besseren sind und werden depressiv, wenn diese fehlschlagen oder von anderen nicht angenommen werden. Sie versuchen, andere zu manipulieren – ein Zeichen dafür, daß sie sich auf angemessene Art nicht durchsetzen können.

Ein wenig ausgeprägtes Stärkebewußtsein bei Kindern beruht meistens auf *unterentwickelten Fertigkeiten und Inkompetenzen auf mehreren Gebieten*. Es entsteht ein Teufelskreis. Schwach ausgeprägte Fertigkeiten führen zu übermäßigen Mißerfolgserlebnissen, und diese fördern und verstärken das Gefühl der Machtlosigkeit. Dadurch weigert sich das Kind, sich Herausforderungen zu stellen und die Verantwortung und Initiative zu übernehmen, die für das Lernen notwendig sind. Die meisten Kinder, denen das Lernen Schwierigkeiten bereitet, haben kein Stärkebewußtsein. Ihre Lernfähigkeiten bleiben auf jedem Gebiet sehr gering, auch wenn sie bestimmte Inhalte oder Tätigkeiten ständig wiederholen. Erst allmählich werden sie imstande sein, effektiv zu lernen.

Die Förderung des Bewußtseins von Stärke

Die Herausbildung des Stärkebewußtseins beim Kind stellt einen weiteren wichtigen Grundstein für die Entwicklung seines Selbstwertgefühls dar. Es ist wichtig zu bedenken, daß das Bewußtsein von Stärke ein Gefühl darstellt, das dem Kind Selbstvertrauen verleiht, wenn es sich mit notwendigen Aufgaben beschäftigt. Andere zu kontrollieren, zu manipulieren oder sie zu tyrannisieren sind nicht die Ziele, die hier gemeint sind.

Machen Sie Kindern die Auswirkungen ihrer Verantwortung bewußt

Das eigene Verantwortungsbewußtsein wächst mit der Zeit, und die meisten von uns sind als Erwachsene immer noch in diesem Lernprozeß begriffen. Aber je früher Kinder anfangen, sich damit auseinanderzusetzen, desto leichter wird ihnen der Übergang ins Erwachsenwerden fallen. Verantwortlichkeit bedeutet, daß sich ein Kind darüber bewußt ist, daß sein Verhalten nicht unerheblich ist, sondern ganz bestimmte Auswirkungen hat.

Es ist wichtig, daß Sie Kinder wissen lassen, wann sie sich unverantwortlich *und* verantwortlich benommen haben. Kinder auf ihre Verantwortung aufmerksam zu machen heißt aber nicht unbedingt, sie zu tadeln. Allein indem Sie Kinder zu verstehen geben, daß Verantwortung für Sie einen wichtigen Stellenwert hat, wird bei ihnen ein entsprechender Bewußtseinsprozeß einsetzen.

Schaffen Sie Alternativen, wenn Sie etwas planen

So können Kinder lernen, Entscheidungen zu treffen; Entscheidungen zu treffen und sie umzusetzen sind eine wichtige Übung für die Entwicklung des Stärkebewußtseins. Eltern können Kinder dabei unterstützen, sowohl im Alltäglichen («Möchtest du Käse oder Aufschnitt auf dein Brötchen?») als auch bei umfassenderen Themen («Am Samstag können wir zum Strand oder zum Freizeitpark gehen. Wo möchtest du hingehen?»). Wenn sich Kinder weigern, etwas zu tun, kann die Einführung von Alternativen ihren Widerstand abbauen. «Du mußt baden, aber du kannst dir aussuchen, ob du Schaum möchtest oder nicht.» Geben Sie Kindern möglichst viele Gelegenheiten, Entscheidungen über persönliche Angelegenheiten zu treffen, z. B. über Kleidung, Essen, Spielzeug, ihre Zimmereinrichtung, Bücher und Spiele. Sie können Kindern immer solche Entscheidungen überlassen, die von Ihrer Zustimmung unabhängig sind.

**Bringen Sie Kindern bei, daß sie für ihre Gefühle
selbst verantwortlich sind**
Kinder neigen dazu, impulsiv und emotional zu reagieren. Es ist
ein Zeichen der Reife, wenn man seine Reaktionen einigermaßen
zu kontrollieren weiß. Kinder übertragen die Schuld für ihre Gefühle gern auf andere Menschen, auf bestimmte Ereignisse oder
allerlei andere Umstände. Wenn diese Neigung übermäßig vorhanden ist, ist sie als ein Symptom für niedriges Stärkebewußtsein
anzusehen. Sich seiner Verantwortung für die eigenen Gefühle
bewußt zu sein, sowie die Fähigkeit, sich beherrschen zu können,
sind Teile eines lebensfähigen Lernprozesses. Aber man kann Kindern helfen, ihre Gefühle auf angemessene Weise zu äußern. Ein
Kind, das sich selbst beherrschen kann, hat erhebliche Vorteile,
wenn es Situationen begegnet, die Ärger, Angst, Zorn oder Frustration auslösen.

**Zeigen Sie Kindern, daß sie auf eine positive Art
und Weise andere beeinflussen können**
Wenn Kinder in ihrem Umgang mit anderen nützliche Fertigkeiten erwerben, lernen sie, sich durchzusetzen, ohne andere zu
verletzen. Wie man mit Menschen umzugehen hat, stellt kein
angeborenes Wissen dar, sondern muß von Kindern gelernt werden. Dies geschieht hauptsächlich dadurch, daß Kinder andere,
besonders Eltern und Lehrer, beobachten. Gute Manieren, die auf
einer tagtäglichen Basis gelernt und gefestigt werden, bilden ein
wertvolles Fundament für die Entwicklung sozialer Fertigkeiten.
Elementare Höflichkeitsformen, wie «Bitte», «Danke» und «Darf
ich», stellen einfache Ausgangspunkte dar. Sie können Kindern
eine Reihe solcher Umgangsformen vermitteln, wie zum Beispiel
warten, bis man an die Reihe kommt, andere nicht unterbrechen
und Rücksicht üben, vor allem, indem Sie darauf bestehen, daß
sich Kinder in ihrem Umgang mit Ihnen an solche Umgangsformen gewöhnen: «Ich telefoniere gerade, aber ich werde mit dir
sprechen, sobald ich fertig bin.»

**Helfen Sie Kindern, sich über
ihre Entscheidungsprozesse bewußt zu werden**
Die Fähigkeit, unverkrampft Entscheidungen zu treffen, stellt den
Schlüssel für ein gesundes Stärkebewußtsein dar. Kinder treffen

ständig Entscheidungen, sind sich aber in der Regel über den damit verbundenen Prozeß, z. B. das Abwägen von Alternativen, das Vorausschauen von möglichen Ergebnissen, die Wertvorstellungen, die zu Entscheidungen führen, nicht bewußt. Das Treffen von Entscheidungen ist eine Fertigkeit, die sich durch Erfahrung und Selbsterkenntnis immer weiterentwickelt. Sie können als Eltern dem Kind klarmachen, daß sowohl Erfolgs- als auch Mißerfolgserlebnisse jeweils die Folgen eigener zuvor getroffener Entscheidungen sind. Sie können bevorstehende Entscheidungen mit ihnen besprechen und im nachhinein über gute oder schlechte Entscheidungen sprechen, so daß Kinder Anhaltspunkte für zukünftige Entscheidungen bekommen. Sie können Kinder sogar dazu anhalten, bezüglich ihrer eigenen Gefühle, Entscheidungen zu treffen: z. B.: «Ich möchte, daß du dich entscheidest, ob du dich in Zukunft über deine Schwester ärgern möchtest. Wenn nicht, kann ich dir helfen, auf eine andere Weise damit fertig zu werden.»

Zeigen Sie Kindern effektivere Möglichkeiten, Probleme zu lösen

Achten Sie darauf, daß Kinder tatsächlich mit Problemlösungen konfrontiert werden. Eltern begeben sich leicht in die Situation, daß sie ihren Kindern bei Problemlösungen zu sehr helfen, indem sie die Problemlösung für die Kinder übernehmen. Sie können einem Kind die Lösung zu einem Problem liefern, oder Sie können ihm helfen, eine Lösung selbst zu finden. Wenn ein Kind ein Problem hat, sollten Sie ihm nicht sofort Ratschläge erteilen. Sie können ihm vielmehr helfen, indem Sie Fragen zum jeweiligen Problem stellen: «Ich weiß, daß diese Mathematikaufgabe schwierig ist, aber vergleiche sie mit der letzten Aufgabe. Vielleicht findest du dort einen Hinweis, der dir weiterhilft.» Das Stärkebewußtsein bei einem Kind steigt erheblich, wenn das Kind bemerkt, daß es ein kniffliges Problem selbst gelöst hat. Kinder neigen dazu, Erwachsene ständig darum zu bitten, für sie Probleme zu lösen. Auch wenn es zunächst aus zeitlichen Gründen effektiver erscheint, ihnen eine Lösung zu geben, ist die Förderung ihres Stärkebewußtseins auf Dauer gesehen wesentlich angemessener.

**Schaffen Sie Möglichkeiten für möglichst
viele Erfolgserlebnisse, wenn Sie bestimmte Aktivitäten planen**

Ein hohes Selbstwertgefühl beruht auf Erfolgserlebnissen. Wenn Sie einem Kind eine Aufgabe erteilen, sei es eine Tätigkeit im Haus, die Lösung eines Problems oder irgendeine Aufgabe, die auf komplexen Operationen beruht, sollten Sie sie in kleinere Schritte aufteilen. Auf diese Weise geben Sie dem Kind die Möglichkeit, jeweils einen Schritt nach dem anderen mit Erfolg auszuführen. Häufig bemerken Eltern nicht, daß sie von ihren Kindern Dinge erwarten, die ohne solche Aufteilung sehr komplexe Aufgaben darstellen, z. B. das eigene Zimmer aufzuräumen. Wenn Kinder durch eine komplizierte Aufgabe überfordert werden, neigen sie dazu aufzugeben, und dies wirkt sich auf ihr Machtgefühl entsprechend negativ aus. Indem Sie Kindern nicht nur sagen, sondern auch vormachen, wie sie bestimmte Dinge am besten erledigen, tragen Sie zu größeren Erfolgsaussichten bei. Zudem sollten Eltern die nötigen Hilfsmittel bereitstellen, die zur Erledigung von bestimmten Aufgaben notwendig sind, besonders dann, wenn Kinder nicht wissen, welche Hilfsmittel vorhanden sind: Geben Sie dem Kind zum Beispiel einen nassen Lappen anstelle eines trockenen Staubtuchs, wenn es in seinem Zimmer Staub wischen soll.

**Geben Sie Kindern die Möglichkeit,
ihre Fähigkeiten und Fertigkeiten anzuwenden**

Kinder sind auf ihre Fertigkeiten stolz, genauso wie Erwachsene. Wenn sie die Gelegenheit bekommen, ihre besonderen Fertigkeiten zu demonstrieren, wird ihr Stärkebewußtsein gestärkt. Wenn sich ein Kind beispielsweise für das Kochen interessiert und dies gut kann, sollte es dies möglichst häufig tun können. Wenn ein Kind gut und gern liest, sollte ihm genügend Zeit dafür, aber auch ein entsprechender Ort gewährt werden. Gleichzeitig sollten Sie darauf hinweisen, daß die jeweiligen Fertigkeiten etwas Besonderes sind. Die meisten Kinder können *irgend etwas* tun, das für sie eine besondere Fertigkeit darstellt, und es ist wichtig, daß Eltern dies berücksichtigen und zur Geltung kommen lassen.

Helfen Sie Kindern, für sich und für andere Grenzen zu setzen

Sie können dies ihren Kindern vorleben, indem Sie für sich klare und konsequente Grenzen setzen. Solche Grenzen sind aber nicht unbedingt mit Regeln gleichzusetzen. Es handelt sich auch um persönliche Grenzen, z. B. «Ich werde dir nicht geben, was du willst, wenn du mit mir in solch einem Ton redest», oder «Ich sagte dir, ich würde mit dir einkaufen gehen, wenn du pünktlich zu Hause bist. Da du zu spät gekommen bist, sehe ich nicht ein, warum ich dich mitnehmen soll. Wir werden einen anderen Tag finden.» Wenn ein Kind in einem Umfeld lebt, in dem feste Grenzen gesetzt werden, lernt es, mit solchen Grenzen umzugehen und dementsprechend sich selbst zu beherrschen. Grenzen ermöglichen es einem Kind, die Entscheidungen, die es treffen kann, einzuschätzen und seine Handlungsergebnisse vorauszusehen. Helfen Sie Kindern, in bestimmten Situationen, die für sie negative Auswirkungen haben könnten, «Nein» zu sagen. Häufig sind sie unsicher, wie sie Gleichaltrigen gegenüber Grenzen setzen sollen: z. B. «Daß Sebastian von dir verlangt, daß du ihm die Antworten sagst, finde ich nicht in Ordnung. Du kannst mal probieren, was passiert, wenn du das nicht machst, und wir können uns noch mal darüber unterhalten.» Wenn es darum geht, in persönlichen Angelegenheiten «Nein» zu sagen, brauchen Kinder zuweilen Unterstützung: z. B. «Du mußt deiner Schwester nicht immer deine Sachen ausleihen, ich werde dich darin unterstützen.»

Wie Sie Konflikte innerhalb der Familie abbauen können

Innerhalb der Familie ist das Thema Macht oder Stärke normalerweise mit Konflikten verbunden. «Machtkämpfe» zwischen den Eltern oder auch zwischen Eltern und Kindern sind ein Beweis dafür, daß das Stärkebewußtsein des einzelnen durch das Familienklima nicht gefördert wird. Menschen mit einem gesunden Stärkebewußtsein haben kein so großes Bedürfnis nach Überlegenheit, weil sie bereits zuversichtlich sind, daß ihre Meinungen innerhalb der Familie eine Wirkung haben können. Es gibt in jeder

Familie eine Reihe von Möglichkeiten, das Stärkebewußtsein des Kindes zu fördern, ohne dabei das Kind mit einem zu großen Freiraum zu überfordern.

Viele Fragen, die mit dem Machtproblem zusammenhängen, beziehen sich auf die Art und Weise, wie mit Konflikten umgegangen wird. Wenn Konflikte dadurch gelöst werden, daß es Gewinner und Verlierer gibt, wird es bald zu neuen Konflikten kommen. Keiner will ein Verlierer sein. Diesbezüglich agieren Eltern als Vorbilder. Wenn Eltern immer die Überlegenen sein müssen, kann daraus gefolgert werden, daß die Kinder stets die Verlierer sind. Wenn andererseits Eltern bereit sind, mit ihren Kindern Meinungsverschiedenheiten und Gefühle partnerschaftlich zu besprechen und zu klären, dann erfahren Kinder, daß auch sie die Eltern beeinflussen können. Wenn aufgrund dessen die Eltern ihren Standpunkt ändern, wird sich dies auf die Fähigkeit der Kinder, ihre Meinungen zu überdenken, positiv auswirken. Eltern müssen nicht in jeder Auseinandersetzung mit ihren Kindern die Überlegenen sein, um von den Kindern respektiert zu werden. Eigenschaften wie Klarheit, Einsicht, Konsequenz und Besorgnis tragen viel eher dazu bei, daß Kinder ihre Eltern respektieren, als das rigorose Durchsetzen der elterlichen Autorität. Das heißt nicht, daß solche Autorität nicht von Zeit zu Zeit erforderlich ist, aber höchstwahrscheinlich seltener, als es viele Eltern vermuten. Wenn Eltern in der Lage sind, ihre Fehler einzugestehen, sich zu entschuldigen und sich zu ändern, wird das Vertrauen ihrer Kinder ihnen gegenüber gestärkt. Dies fördert das Gefühl der Zuversicht und führt dazu, daß das Stärkebewußtsein der Kinder steigt.

Eltern sollten vermeiden, ohne Vorwarnung
oder vorherige Besprechung Regeln oder Routine zu ändern
Willkür, das heißt das Durchsetzen der elterlichen Autorität auf unberechenbare Art und Weise, beraubt die Kinder ihres Stärkebewußtseins. Zudem ist solches Verhalten meistens ein Zeichen für Ressentiments und Frustrationen bei den Eltern, häufig auch, weil sie mit ihren Kindern nicht zurechtkommen. Kinder brauchen das Gefühl, daß sie die Regeln, die ihr Leben betreffen, auch selbst beeinflussen können. Wenn sich Eltern willkürlich verhalten, machen sie jegliche Rechte, die die Kinder haben, zunichte. Das Stärkebewußtsein der Kinder steigt, wenn sie ihre Aktivitäten

zum Teil selbst planen können. Die Willkür der Eltern und unvorhersehbare Forderungen ihrerseits schwächen die Fähigkeit der Kinder, erfolgreich zu planen.

**Beziehen Sie alle Familienmitglieder
in wichtige Entscheidungen, die sie alle betreffen, ein**
Es kann hilfreich sein, Kinder zu fragen, welche Regeln sie für notwendig halten und welche Aufgaben sie am liebsten übernehmen. Dies bedeutet nicht, daß Sie alles tun, was Kinder Ihnen sagen, aber es zeigt Kindern, daß ihre Meinungen berücksichtigt werden. Alle Familienmitglieder sollten die Möglichkeit haben, ihre Meinungen über Familienangelegenheiten zu äußern. Familienausflüge, Urlaubspläne, Picknicks usw. bieten ausgezeichnete Gelegenheiten dafür, Kinder das Geschehen mitbestimmen zu lassen. Wenn Kinder wissen, daß sie Entscheidungen beeinflussen *können*, sind sie in der Regel eher bereit, die Entscheidungen ihrer Eltern zu akzeptieren. Kinder, die wissen, daß sie Einfluß ausüben können, werden ein gut ausgeprägtes Stärkebewußtsein haben. In solchen Fällen wird *das Bedürfnis nach Kontrolle* nachlassen.

Wenn Sie Kindern erlauben, Entscheidungen zu beeinflussen, heißt es nicht, daß alle Familienmitglieder gleichberechtigt über alles abstimmen sollen. Das Abstimmen kann bei bestimmten Angelegenheiten durchaus zur Demokratie innerhalb der Familie beitragen. Aber die «Demokratie», die wir hier postulieren, ist dadurch gekennzeichnet, daß die Meinung jedes einzelnen gehört und respektiert wird, jedoch die Eltern immer noch verantwortlich bleiben.

**Um das Stärkebewußtsein innerhalb der Familie zu fördern,
müssen Möglichkeiten vorhanden sein, mit Streitigkeiten
zurechtzukommen**
Solche Streitigkeiten beziehen sich auf solche langwierigen Themen, mit denen wir uns meistens abzufinden gezwungen sind: «Damit mußt du einfach leben; dein Vater ist eben so», oder: «Sie schraubt niemals die Zahnpastatube zu.» Manchmal ist es wichtig, daß sich nur die betreffenden Personen über ihren jeweiligen Ärger aussprechen. Manchmal müssen sich die Eltern einschalten, zum Beispiel, wenn es darum geht, daß die kleinen ihre großen

Geschwister gekränkt haben. Manchmal müssen bestimmte Themen bei einer Familienkonferenz zur Sprache kommen, wo jeder die Möglichkeit hat, seine Meinung dazu zu äußern. Es gibt manche Streitthemen, die nicht gelöst werden können, aber sie lassen sich dadurch lindern, daß man offen über sie sprechen kann. Wenn irgendein Unmut nicht berücksichtigt oder unterdrückt wird, haben Familienmitglieder das Gefühl, daß sie ihr Leben nicht kontrollieren können, und dies schwächt ihr Stärkebewußtsein.

Indem Eltern auf die Fortschritte ihrer Kinder achten, sollten sie sie ermutigen, sich neuen Herausforderungen und Verantwortungsbereichen zu stellen

Kinder sind ebenso wie Erwachsene Gewohnheitstiere, die sich oft mit ihrem jeweiligen Können zufriedengeben. Mit der Unterstützung ihrer Eltern können Kinder oft herausfinden, daß sie zu mehr imstande sind, als sie dachten: «Ich bin sicher, daß du allein herrunterrutschen kannst. Versuch es einfach.» Indem sich ein Kind bewußt wird, daß es sich entwickelt und verändert, wird seine Bereitschaft, neues auszuprobieren, sein Stärkebewußtsein fördern. Dies erfordert oft von den Eltern, daß sie ihre Kinder an größere Risiken heranführen, allerdings ohne sie zu überfordern. Oft genügen schon die Unterstützung und Ermutigung der Eltern, um ein Kind zu etwas Neuem anzuspornen. Innerhalb der Familie sollte dies dazu führen, daß ältere Geschwister nicht nur größere Verantwortung übernehmen, sondern auch mehr Privilegien erhalten. Kinder müssen lernen, daß sie aufgrund ihrer Kompetenz und ihrer Verantwortung bestimmte Vorteile genießen können, und dies sollte ihnen sehr deutlich vermittelt werden: «Da du deine Aufgaben seit einiger Zeit allein erledigt hast, kannst du etwas länger aufbleiben. Du hast gezeigt, daß du verantwortlich sein kannst.» Oft werden Kinder neue Privilegien haben wollen. Ob sie diese bekommen oder nicht, können Sie davon abhängig machen, wie sehr die Kinder beweisen, ihrer Verantwortung gewachsen zu sein: «Wenn du allein mit deinem Fahrrad zum Laden fahren willst, mußt du mir zeigen, daß du pünktlich wieder zu Hause sein kannst, oder mich anrufen, wenn du es nicht schaffst.»

Die Mittel, die eine Familie zur Verfügung hat,
müssen gerecht unter allen verteilt werden

Geld, zum Beispiel als Taschengeld oder als Belohnung für bestimmte Arbeiten, stellt ein wichtiges, aber nicht das einzige Mittel innerhalb einer Familie dar. Raum und Zeit gehören auch dazu und sind von ebenso großer Bedeutung. Es kann beispielsweise sein, daß ältere Geschwister aufgrund besonderer Verantwortlichkeiten gewisse Mittel eher benötigen. Eine bestimmte Privatsphäre, ein ruhiger Ort, um Hausaufgaben zu erledigen, besondere Utensilien, wie eine Schreibtischlampe, Bücher oder spezielle Kleidungsstücke gehören zu den Dingen, die eher ältere als jüngere Geschwister benötigen. Die Zeit und die Energie der Eltern sind auch Mittel innerhalb der Familie, die oft zu Streitigkeiten unter den Kindern führen können. Eltern können für jedes einzelne Kind eine bestimmte Zeit in der Woche freihalten, so daß jedes Kind das Gefühl hat, auf dieses wertvolle Mittel etwas Einfluß zu haben. Aber es ist auch wichtig, daß Eltern Zeit miteinander verbringen oder daß sich alleinerziehende Eltern Zeit nehmen, um mit anderen Erwachsenen zusammen zu sein. Der Umgang mit diesem so besonderen Mittel – nämlich Zeit – stellt eine ständige Herausforderung dar und erfordert, daß den Aktivitäten innerhalb der Familie eine gewisse Struktur und Ordnung zugrunde liegt.

Wenn Eltern ihrem Kind eine besondere Zeit zuteilen, ist die Wirkung auf das Stärkebewußtsein sehr stark, besonders wenn dies konsequent und regelmäßig eingehalten wird. Wenn Sie jeden oder jeden zweiten Tag eine bestimmte Zeit mit einem Kind allein verbringen und es aussuchen lassen, was es gern machen möchte, z. B. eine Geschichte hören, spielen oder nur sich unterhalten, wird sowohl das Vertrauen des Kindes aufgebaut, als auch sein Bewußtsein von Stärke gestärkt. Diese Zeit muß vor allem anderen Vorrang haben, und weder andere Verpflichtungen noch mögliche Strafen, die dem Kind auferlegt worden sind, dürfen einen Hintergrund darstellen. Sie können darauf aufbauen, indem sie gelegentlich einen Tag oder Nachmittag mit einzelnen Kindern verbringen.

Solche Mittel sollten nicht dadurch vergeudet werden, daß Sie Kindern zuviel geben, ohne daß sie ihrerseits eine entsprechende Verantwortung an den Tag legen. Wenn Kinder wissen, was sie aufgrund eigener Anstrengung bekommen können, wird ihr Stärkebewußtsein wachsen.

Sie können Kindern helfen, ihr Verantwortungsbewußtsein zu entwickeln, wenn Kinder sich selbst im klaren darüber sind, wofür sie verantwortlich sind und welche Entscheidungen sie selbständig treffen können

In den meisten Familien ist die Art und Weise, wie ältere Geschwister für jüngere verantwortlich sind, ein Problem. Den älteren wird oft die Verantwortung übergeben, aber ihnen fehlt es an Autorität, um die Kleineren zu kontrollieren. Dadurch entsteht eine in sich widersprüchliche Situation. Verantwortung und Autorität werden getrennt, und dies führt zu Streitigkeiten und Mißstimmungen.

Wenn ein Kind für das Erledigen einer bestimmten Aufgabe verantwortlich ist, sollten gewisse Maßstäbe und Zeitgrenzen gesetzt werden, aber darüber hinaus sollte das Kind selbst entscheiden dürfen, wie es seine Aufgabe ausführen möchte: «Du kannst dein Zimmer so aufräumen wie du möchtest, solltest aber bis drei Uhr fertig sein und darauf achten, daß es auch wirklich sauber wird.» Es hat auf das Stärkebewußtsein von Kindern keine positive Wirkung, wenn Sie ihnen lediglich viele Aufgaben erteilen, ihnen aber nicht erlauben, diese auf eigene Art und Weise zu erledigen.

Um all dies auch auf vernünftige Weise zu erreichen, müssen sich Eltern sehr im klaren darüber sein, auf welchen Gebieten sie selbst die Kontrolle übernehmen und auf welchen Gebieten sie ihren Kindern den Entscheidungsfreiraum überlassen. Es ist weniger wichtig, immer das *Richtige zu tun*, als sich im klaren darüber zu sein, was man tut und aus welchen Gründen. Nur so wird Ihr Verhalten auch für Kinder nachvollziehbar sein.

6. Soziale Orientierungsmuster: Probleme und Lösungen

In diesem Kapitel werden Probleme behandelt, die mit kindlichen Denk-, Orientierungs- und Wertmustern zusammenhängen. Wie verhalten sich Kinder, für die es problematisch ist, zielorientiert und zweckgebunden zu denken und entsprechend zu handeln? Wie können Sie ihnen helfen, ihre Probleme zu überwinden? Es wird auch beschrieben, wie sich familiäre Situationen und Bedingungen auf diese Fähigkeiten auswirken.

Wie verhalten sich Kinder mit sozialen Orientierungsproblemen?

Alle Kinder haben Probleme mit gedanklichen Strukturierungen jeglicher Art. Dies beruht darauf, daß Kinder stets im Begriff sind zu lernen, bereits erworbenes Wissen zu verarbeiten, sich zu entwickeln und neue Erfahrungen zu machen. Es entspricht deshalb der Natur des Kindes, daß ein gewisses Maß an Desorientierung vorhanden ist. Deshalb kann alles, was über die Probleme der gedanklichen Orientierungsmuster beschrieben wird, prinzipiell auf alle Kinder übertragen werden. Andererseits sind sehr gravierende Probleme in diesem Bereich vorhanden, wenn bei einem Kind eine Vielzahl der unten genannten Verhaltensweisen sehr häufig auftritt. Ein solches Kind ist durch übermäßige Anspannungen und Ängste sehr stark beeinträchtigt.

Auffällige Zerstreutheit ist eines der Hauptsymptome bei Kindern mit Orientierungsproblemen. Sie haben Schwierigkeiten, sogar die einfachsten Anweisungen zu befolgen und verlieren sehr schnell das Interesse selbst für Aufgaben, die sie freiwillig gewählt haben. Für andere Personen ist es oft unmöglich, die Aufmerksamkeit dieser Kinder für längere Zeit auf eine Sache zu lenken. Diese Eigenschaft beruht auf einem tiefergreifenden Problem, nämlich ihrem allgemeinen Mangel an Zielorientiertheit.

Kinder, die in der Lage sind, zielorientiert zu handeln, haben nicht nur ein Ziel vor Augen, sondern auch eine gewisse Vorstellung davon, wie sie ihr Ziel erreichen können. Kinder mit Orientierungsschwierigkeiten haben weder das eine noch das andere. Oft neigen sie dazu, ihre Zeit mit scheinbar ziellosen Aktivitäten zu «verschwenden», oder sie lassen sich von einer nebensächlichen Beschäftigung ablenken. Sie verwechseln häufig Ziele, die sie versprochen haben einzuhalten («Ich werde meine Bücher wegpacken»), Ziele, die andere für Sie gesetzt haben («Ich möchte, daß du das tust, damit ich dein Zimmer saubermachen kann») und kurzfristige, spontane Ziele («Warum spielst du mit dem Hund, wenn du deine Bücher ins Regal stellen wolltest?»). Auch wenn diese Kinder den Eindruck erwecken, sehr beschäftigt zu sein, werden sie von einer Beschäftigung zur nächsten übergehen, ohne ihrem ursprünglichen Ziel auch nur geringfügig näher gekommen zu sein. Dieser Mangel an klarer Zielorientiertheit äußert sich in der Art und Weise, wie ein solches Kind über seine Tätigkeiten berichtet. Es wird große Schwierigkeiten haben, Ziele als Begriffe zu formulieren oder überhaupt über sie zu sprechen. Auch wenn ihm der Zweck einer bestimmten Tätigkeit bereits mitgeteilt wurde, wird das Kind dies später nur vage oder ungenau wiedergeben können, was den Eindruck erweckt, daß es eigentlich nicht recht weiß, warum es sich mit einer Sache beschäftigt.

Diese Kinder werden *leicht verwirrt*, auch wenn es sich um ganz gewöhnliche Angelegenheiten handelt. Eine Reihe von Fragen, z. B. wann eine *regelmäßige* Aufgabe zu erledigen ist, wo die Familie am kommenden Wochenende hinfährt, wann das Mittagessen fertig sein wird oder wann besondere Ereignisse stattfinden, werden häufig durcheinandergebracht. Dieses Verhalten bedeutet aber keineswegs, daß sich das Kind vor Arbeit drücken oder andere manipulieren will: vielmehr führt diese Unfähigkeit häufig zu

Unsicherheiten oder Depressionen. Noch ist die Neigung, Dinge zu verwechseln, ein Zeichen mangelnder Intelligenz. Dadurch wird lediglich deutlich, in welchem Maß sogenannte Intelligenz von mentaler Organisationsfähigkeit und Zielorientierung beeinflußt wird.

Kinder mit einem unterentwickelten Sinn für derartige Vorstellungsmuster *neigen dazu, etwas unbeholfen, nachlässig und unordentlich zu sein.* In ihrem Zimmer oder auf ihrem Schreibtisch herrscht oft eine chaotische Unordnung, und wenn die Kinder aufgefordert werden aufzuräumen, sind sie häufig stundenlang beschäftigt, ohne es letztendlich zu schaffen, Ordnung herzustellen. Auch in ihrer Kleidung oder in der persönlichen Hygiene sind diese Kinder häufig nachlässig, obwohl sie diesbezüglich meistens die Maßstäbe ihrer Eltern übernehmen. Diese Kinder werden Werkzeuge herumliegen lassen, Deckel nicht wieder zuschrauben, nicht aufräumen und im allgemeinen eine Spur unerledigter Dinge hinter sich lassen, während sie von einer Aktivität zur nächsten wandern. Diese Eigenschaft läßt sich nicht dadurch ändern, daß sich andere darüber aufregen. Leider wird ein solches Kind oft als «zerstreuter Professor» stigmatisiert, und Eltern finden sich mit diesem Problem einfach ab.

Diese Kinder haben große Schwierigkeiten, Entscheidungen zu treffen, weil ihnen ein Organisationsprinzip oder ein Sinn für Prioritäten fehlt. Sie werden sich eher mit den nebensächlichen oder unwichtigen Aspekten einer Situation beschäftigen, als mit den Hauptsachen: «Du hast schon eine halbe Stunde damit verbracht, deine Haarspangen zu sortieren und hast kaum noch Zeit, dein Zimmer aufzuräumen.» Da jeder Entscheidungsprozeß mit einer Zielvorstellung zusammenhängt, versuchen diese Kinder, Entscheidungen zu vermeiden. Ihre Entscheidungen führen meistens zu nichts und dementsprechend bringen sie kein lohnendes Ergebnis mit sich. Auch beim Sprechen macht sich diese Schwierigkeit bemerkbar. Oft können sie sich nicht entscheiden, was oder wie sie etwas sagen wollen. Sie beginnen Sätze oder Gedankengänge, sind dann aber nicht imstande, ihre Gedanken zu Ende zu führen. Auch wenn man ihnen einfache Fragen stellt, erwecken diese Kinder oft durch ihre Reaktion, z. B. einen verständnislosen Gesichtsausdruck oder ein Achselzucken, den Eindruck, als ob sie die Frage nicht wirklich verstanden haben.

Manchmal bestehen Kinder mit mentalen Orientierungsproblemen starr darauf, daß es nur einen Weg gibt, etwas zu tun. Sobald diese Kinder eine Methode entdeckt haben, die sie auf eine Situation oder auf eine Aufgabe anwenden können, werden sie sich an diese Methode festklammern und sie oft auf Gebieten anwenden wollen, wo sie nicht angebracht ist. In der Regel werden diese Kinder eine bereits gefundene Lösung nicht verallgemeinern, differenzieren, ausweiten oder kreativ verändern können. Zudem werden sie darauf bestehen, daß andere ihre Vorschläge annehmen oder ihre Vorstellungen teilen und sind verärgert oder frustriert, wenn andere dies nicht tun. Diese Eigenschaft führt dazu, daß sie, wenn ihre Vorschläge fehlschlagen, wie es häufig der Fall ist, dann keine Alternativen suchen, sondern einfach aufgeben.

Diese Inflexibilität erstreckt sich auch auf die Maßstäbe, an die sich die Kinder halten. Wenn diese Kinder eine fixe Idee haben, können sie sich von ihr kaum lösen. Wenn etwas richtig ist, dann ist es *immer* richtig; wenn falsch, dann *immer* falsch. Veränderungen lösen bei diesen Kindern Ängste aus. Die Maßstäbe, an die sie sich so starr klammern, können mit einem Rettungsboot verglichen werden, das man nicht verläßt, obwohl anderweitige Hilfe in Sicht ist. Diese Kinder können mit Unklarheiten nur schlecht umgehen. Sobald etwas unklar wird, werden sie unsicher, ängstlich, störrisch oder gehen der Situation aus dem Weg.

Weil diese Kinder Ziele nicht erkennen, haben sie Schwierigkeiten, Situationen richtig einzuschätzen. Sie können wesentliches vom unwesentlichen nur schwer unterscheiden und verweilen oft viel zu lange beim ersten Schritt einer Aufgabe, anstatt sich dem nächsten Schritt zuzuwenden. Sie können ihre Zeit nur schlecht einteilen, kommen mit Zeitplänen nicht gut zurecht und geraten deshalb oft unter Zeitdruck. Ihre Arbeit scheint sich ständig anzuhäufen, weil sie nicht Prioritäten setzen können und dementsprechend das wichtigste nicht erledigen. Oft neigen diese Kinder zu übertriebenem Perfektionismus. Sie stellen sich und anderen unrealistische Anforderungen, die lediglich zu ihren eigenen Mißerfolgen beitragen oder zu zwischenmenschlichen Problemen führen.

Der gesamte Bereich der Ethik oder Moral bereitet diesen Kindern Probleme. Die Fähigkeit, konsequente ethische Entscheidungen treffen zu können, setzt ein fundamentales Werte- bzw. Glaubenssystem voraus, das als Bezugsquelle für weitere Entscheidungen dient. Da sich diese Kinder häufig darüber nicht im klaren sind, was sie eigentlich glauben, können sie häufig Gegensätze, wie wahr/unwahr, richtig/falsch, gut/schlecht nicht konsequent unterscheiden. Dies führt dazu, daß sie Entscheidungen treffen, die anderen Menschen widersprüchlich oder inkonsequent vorkommen. Sie plädieren für hohe moralische Werte, verhalten sich aber ganz anders oder können nicht entscheiden, wie man mit einer Situation gut oder schlecht umgehen kann. Im allgemeinen entsteht ein Widerspruch zwischen ihren Vorstellungen und ihrem Verhalten. Vorwürfe, sie seien Lügner und Heuchler, verstehen diese Kinder nicht. Häufig können sie wirklich nicht zwischen Wahrheit und Lüge unterscheiden, und sie bekommen manche Ereignisse so durcheinander, daß sie tatsächlich behaupten, «schwarz sei weiß».

Kinder mit mentalen Orientierungsproblemen scheuen oft vor neuen Erfahrungen zurück. Dies hat verschiedene Gründe. Zunächst verfügen diese Kinder meistens über einen schmalen Erfahrungshorizont, was in vielen Fällen ihre Schwierigkeiten, gedanklich zu strukturieren, überhaupt erst bewirkt. Zweitens neigen wir alle dazu, uns erst dann für neue Erfahrungen zu entscheiden, wenn diese mit einem schon vorhandenen Ziel in Einklang zu bringen sind. Aber da diese Kinder keine klaren Zielvorstellungen haben, wird auch ihr Enthusiasmus für Neues beeinträchtigt.

Manchmal verhalten sich diese Kinder anderen gegenüber wie «Chamäleons». Weil sie kein integriertes Selbstbild haben, ahmen sie Personen, die für sie wichtig sind, seien es Gleichaltrige oder Erwachsene, nach. Oft haben Mädchen kein klares Bild von ihrer Mutter bzw. Jungen von ihrem Vater. Deshalb suchen sie bei anderen Menschen verhaltensorientierte Bezugspunkte, die für die Entwicklung eines angemessenen Selbstbildes notwendig sind. Diese Kinder belassen es nicht dabei, sich anderen Menschen anzupassen, sie versuchen, wie andere zu *werden* und sind sich dieser Verhaltensweise meistens gar nicht bewußt.

Die Förderung sozialer Orientierungsmuster

Die Förderung von Orientierungsmustern erfordert ein hohes Maß an Geduld. Die Änderung von Vorbildern oder Vorstellungen, die ein Kind angenommen hat, beruht darauf, daß neue Verhaltensmuster bei dem Kind zu größerem Erfolg und einem höheren Maß an Zufriedenheit führen. Eltern und Lehrer sollten bedenken, daß diese Kinder Schwierigkeiten haben, sich zu organisieren, zu lernen und sich Ziele zu setzen. Sie sollten an diesem Zustand anknüpfen und sich klarmachen, daß ihre Bemühungen nicht unbedingt sofort zu Erfolgen führen werden.

Helfen Sie Kindern, sich über ihre Meinungen Klarheit zu verschaffen

Die Werte und Meinungen, die Kinder haben, können als Verhaltensrichtlinien dienen. Indem Sie einem Kind helfen, über seine Meinungen zu sprechen und sich darüber mehr Klarheit zu verschaffen, werden sich beim Kind auch klarere Verhaltensrichtlinien herauskristallisieren. Eltern müssen einsehen, daß sich bei Kindern sowohl Ideen und Vorstellungen als auch das Engagement für bestimmte Themen häufig ändern. Jeder, der versucht, seinen Vorstellungen gerecht zu werden und sie umzusetzen, benötigt ein gewisses Maß an Selbstdisziplin, Zurückhaltung und die Fähigkeit, über sein Handeln zu reflektieren. Dieser Lernprozeß ist für die Entwicklung mentaler Orientierungsmuster sehr wichtig.

Teilen Sie Ihre Meinungen und Vorstellungen mit Ihren Kindern

Kinder unterliegen einem fortdauernden Lernprozeß, die Welt zu verstehen und einzuordnen. Um dieses zu tun, brauchen sie Bezugspunkte von solchen Erwachsenen, die für sie am wichtigsten sind – nämlich von ihren Eltern oder Lehrern. Wenn Sie Ihre Ideen mit Kindern teilen, bedeutet dies nicht unbedingt, daß Sie von ihnen verlangen, sich danach zu verhalten. Es bedeutet vielmehr, daß Kinder auf diese Weise klare Botschaften über Ihre Werte und Einstellungen erhalten und sie diese aufgrund ihrer eigenen Erfahrungen testen können. Wenn Kinder wissen, wie ihre Eltern denken, sind sie eher imstande, ihr eigenes Verhalten einzuschätzen.

Helfen Sie Kindern, für sich vernünftige und erreichbare Ziele zu setzen

Menschen sind im großen und ganzen zielorientierte Wesen. Kinder mit diesbezüglichen Problemen sind *nicht ziellos*, sondern sie sind in bezug auf ihre Ziele verwirrt und unsicher. Sie brauchen viel Unterstützung, um sich Klarheit über die einfachsten Ziele zu verschaffen und auf diese Ziele hinzuarbeiten. Es ist für sie am hilfreichsten, kurzfristige Ziele zu haben, die sich auf ihre jeweilige Tätigkeit beziehen. Häufig reicht es schon aus, wenn Eltern ihnen dabei helfen, das jeweilige Ziel klar zu formulieren. «Warum machst du das eigentlich?» Diese Kinder brauchen Hilfe, sich ihrer Ziele auf sämtlichen Gebieten bewußt zu werden, sei es in bezug auf ihr Verhalten («Wie wirst du dich benehmen, wenn wir bei Großmutter sind?»), in bezug auf das Lernen («Wie viele Mathematikaufgaben willst du heute durcharbeiten?») oder in bezug auf bestimmte Aufgaben («Womit willst du in deinem Zimmer anfangen, und was willst du dann erledigen?»). Es ist für Eltern manchmal schwierig, sich vorzustellen, welches Maß an Verwirrung der Versuch, sich vernünftige Ziele zu setzen, bei diesen Kindern auslösen kann. Allgemeine oder langfristige Ziele zu formulieren stellt für diese Kinder meistens eine erhebliche Überforderung dar, die lediglich zu großen Frustrationen führt.

Helfen Sie Kindern, die Folgen ihres Verhaltens zu verstehen

Kinder mit Orientierungsproblemen haben Schwierigkeiten damit, Ursache und Wirkung zu erkennen. Manchmal kann dieses Unvermögen den Eindruck erwecken, daß sie etwas schwerfällig sind: «Wußtest du nicht, was passieren würde, als du das Fenster öffnetest?» Sie brauchen Hilfe, um die Folgen ihres Verhaltens voraussehen zu können, vor allem, um einschätzen zu können, wie sich ihr Verhalten auf andere auswirkt. Fordern Sie die Kinder auf, über ihr Vorhaben und über mögliche Alternativen nachzudenken und sprechen Sie mit ihnen anschließend über schon Geschehenes, ohne dabei zu urteilen. Selbstverständlich können diese Kinder nicht ständig beobachtet werden. Aber wenn Sie versuchen, Kinder auf diese Weise *und* anhand anderer Vorschläge aus diesem Kapitel zu unterstützen, können Sie ihnen zu einer besseren Entwicklung mentaler Orientierungsmuster verhelfen.

Geben Sie Kindern ihre Erwartungen und Verhaltensmaßstäbe klar zu verstehen

Aufgrund der oben genannten Verhaltensprobleme haben diese Kinder oft Schwierigkeiten, den Leistungsanforderungen in der Schule oder zu Hause gerecht zu werden. Obwohl dies häufig auf Faulheit oder mangelnde Intelligenz zurückgeführt wird, ist der eigentliche Grund hierfür vielmehr ihr mangelndes Verständnis für allgemeine Maßstäbe. Es ist wichtig, daß alle Eltern angemessene Maßstäbe klar setzen; wenn Kinder mentale Orientierungsschwierigkeiten haben, ist dies eine absolute Notwendigkeit. Solche Maßstäbe sollten konsequent eingehalten und immer wieder verstärkt werden: «Nein, dein Zimmer ist noch nicht fertig; es sollten keine Papiere auf dem Boden liegen. Weißt du nicht, was ich dir das letzte Mal gesagt habe?» Wenn Sie mit einer erbrachten Leistung zufrieden sind, sollten Sie den Kindern sagen, was sie gut gemacht haben: «Als du den Rasen gemäht hast, habe ich mich besonders darüber gefreut, daß du alle Werkzeuge richtig weggeräumt hast. Das ist immer ein ganz wichtiger Teil jeder Arbeit.» Es ist immer etwas risikoreich, sich bei wichtigen Entscheidungen auf den «gesunden Menschenverstand» dieser Kinder zu verlassen. Dies setzt voraus, daß ein Kind von sich aus versteht, was in einer Situation verlangt wird. Kindern mit Orientierungsproblemen sollte man immer alles ausdrücklich erklären.

Verhalten Sie sich als gutes Vorbild für ihre Kinder

Keine Diskussion über Orientierungsmuster kann diesen Punkt übersehen. Da Kinder mit diesen Problemen dazu tendieren, andere nachzuahmen, übernehmen sie von ihren Eltern auch manche unerwünschten Verhaltensweisen oder Einstellungen. Viele Eltern glauben immer noch, daß Kinder ihnen ruhig gehorchen, sie aber nicht nachahmen sollen. Dies funktioniert aber nicht. Ein gutes Vorbild zu sein bedeutet auch, daß Sie dem Kind vormachen, was sie von ihm verlangen. Erklären Sie nicht nur, was ein Kind machen soll, sondern zeigen Sie es ihm auch. Vielleicht müssen Sie dem Kind mehrere Male zeigen, wie ein Bett zu machen ist, bevor es dies ohne Hilfe tun kann. Bei komplexeren Aufgaben, wie Abwaschen, werden Sie erst mehrmals zusammenarbeiten müssen, bevor es sich das Kind von selbst zutraut. Sie können dem Kind auch helfen, seinen Umgang mit anderen zu verbessern, indem Sie mit ihm kleine Rollenspiele durchführen. Geben Sie ihm bestimmte Sätze zum Lernen, und geben Sie dem Ganzen einen spielerischen Charakter. Die Fähigkeit, mit Menschen umzugehen, ist für diese Kinder von besonderer Wichtigkeit. Auch wenn das Bedürfnis nach menschlichem Umgang angeboren ist, muß die Art und Weise, in der dies geschieht, gelernt werden. Kinder mit unterentwickelten Denk- bzw. Wertemustern haben oft große Schwierigkeiten, entspannt oder normal mit anderen Menschen umzugehen, was dazu führt, daß sich andere in ihrer Gegenwart oft unwohl fühlen. Diese Kinder versuchen, «das Richtige» zu tun, ohne zu wissen, wie. Sie lachen etwas länger oder lauter als angemessen, äußern zuwenig oder zuviel Begeisterung, sind «zu» schick angezogen usw. Sie über- oder untertreiben, und andere Menschen, auch ihre Gleichaltrigen, spüren dies sofort. Positive Verstärkung bei gelungenem Verhalten ist wichtig, damit diese Kinder lernen, ihr Verhalten einzuordnen. Am allerwichtigsten ist es aber, daß Sie mit ihnen zusammen alles durchgehen und besprechen, wenn Beziehungen zu anderen Menschen aus irgendwelchen Gründen schieflaufen.

Helfen Sie Kindern, ihren Erfahrungshorizont zu erweitern

Diese Kinder benötigen insgesamt einen reicheren Erfahrungshorizont. Da sie am besten lernen, indem man ihnen etwas zeigt, kann fast jede Erfahrung, die mit starken positiven Verhaltensweisen verbunden ist, dazu beitragen. Es ist wichtig, daß sie die Möglichkeit erhalten, vielfältige zwischenmenschliche Erfahrungen zu machen, besonders wenn Sie diese Erfahrungen besprechen, so daß das Kind die Ähnlichkeiten und Unterschiede zwischen Menschen einzuordnen lernt. Außerschulische Aktivitäten sind gut, besonders wenn sie von Erwachsenen geleitet werden, die auf die «Langsamkeit» dieser Kinder mit Geduld und Toleranz reagieren.

Es gibt unendlich viele Möglichkeiten, Neues zu lernen. Diese Kinder brauchen die Gelegenheit, ihre Eltern zu beobachten, sei es bei alltäglichen Arbeiten im Haus oder bei speziellen Tätigkeiten, die mit ihrem Beruf zusammenhängen. Es muß erneut darauf hingewiesen werden, daß diese Kinder nicht immer sofort verstehen, wenn ihnen bestimmte Tätigkeiten erklärt werden, daß aber die Möglichkeit zu beobachten zu der Entwicklung ihrer Vorstellungsmuster beitragen wird.

Da Eltern in erster Linie ihren Kindern etwas beibringen, indem sie Möglichkeiten für neue Erfahrungen schaffen, können auch alle Eltern wirkungsvolle Pädagogen sein. Da sich Kinder mit schwach ausgeprägten Orientierungsmustern oft gegen neue Erfahrungen sträuben, brauchen sie hierfür entsprechende Ermutigungen. Eine kleine «Bestechung», wie ein Eis oder eine Überraschung, muß nicht immer schaden, wenn Sie auf diese Weise die Kinder dazu bringen können, etwas zu unternehmen, was für sie positive Folgen haben wird.

Wie Sie Orientierungsmuster innerhalb der Familie fördern können

Ein Familienklima, das zur Entwicklung von Orientierungsmustern beiträgt, beruht auf drei Faktoren:
– *Kommunikation:* Sie bezieht sich vor allem auf das Klarstellen von Regeln und Grenzen, Leistungsmaßstäben und innerfamiliären Umgangsformen.
– *Planung:* Hierzu gehören das Machen und Einhalten von Versprechen, das klare Festsetzen von kurz- und langfristigen Zielen, und die Klarstellung von Art und Weise, wie bestimmte Tätigkeiten auszuführen sind.
– *Geordnete Verhältnisse:* Es ist wichtig, daß das räumliche Umfeld ordentlich ist. Durch Arbeitsaufteilung werden gute Gewohnheiten geprägt, und wenn die Aktivitäten innerhalb der Familie strukturiert werden, läßt sich sicherstellen, daß Wichtiges erledigt wird.

Diese drei Faktoren helfen allen Familienmitgliedern, das Geschehen innerhalb der Familie besser zu verstehen bzw. einzuordnen. Wenn sie richtig umgesetzt werden, entsteht eine «Erfahrungsstruktur», die als Grundlage für die Entwicklung von Orientierungsmustern dient. Sie helfen allen Familienmitgliedern, sowohl zu begreifen, welche Erwartungen an sie gestellt werden, als auch ihre Verhaltensfolgen besser einzuschätzen, Entscheidungen zu treffen, die sie auch ausführen können und andere richtig zu verstehen. Zudem geben sie Kindern die Sicherheit, daß Eltern nicht willkürlich oder inkonsequent handeln.

Klare Kommunikation ist eine Fertigkeit, die gelernt werden kann. Es ist von größter Wichtigkeit, daß Regeln und Grenzen geklärt werden – sowohl für diejenigen, die sich daran halten müssen, d. h. für alle, als auch für diejenigen, die sie durchsetzen müssen, nämlich die Eltern. Stellen Sie sich vor, welche Zustände herrschen würden, wenn die Verkehrsregeln der Lust und Laune jedes Polizeibeamten überlassen wären, oder wenn man sie ändern könnte, ohne die Öffentlichkeit darüber zu informieren. Sie würden sich in Ihrem Auto kaum auf die Straße wagen. Wenn die Regeln innerhalb der Familie unklar oder unbeständig sind, oder wenn sich Eltern darüber nicht einig sind, entsteht ebenso ein hohes Maß an Verwirrung. Eltern müssen über die Regeln in der Familie so sprechen, daß auch jeder sie wirklich versteht. Haken Sie ruhig nach, um sicherzustellen, daß Sie richtig verstanden wurden. Die größte Verwirrung kann entstehen, wenn Eltern die zwei einfachen Wörter «ja» und «nein» nicht konsequent benutzen. Wenn Eltern nicht sagen, was sie wirklich meinen, weiß ein Kind nicht, worauf es sich verlassen kann. Wenn ein Kind nicht weiß, daß seine Eltern auch meinen, was sie sagen und sich entsprechend verhalten, wird seine Fähigkeit zur Herausbildung von Vorstellungsmustern beeinträchtigt.

Kinder müssen wissen, was von ihnen erwartet wird. Sie erfahren dies aufgrund dessen, was ihre Eltern sagen, anhand der Konsequenz, die ihre Eltern zeigen und durch die Reaktion ihrer Eltern, wenn sie ihren Erwartungen gerecht oder auch nicht gerecht werden. Die Fähigkeit, klar kommunizieren zu können, beruht nicht nur auf dem Sprechen, sondern auch auf dem Zuhören. Jeder kann Kindern sagen, was sie zu tun haben, aber um herauszufinden, ob sie alles richtig verstanden haben, muß man ihnen auch *zuhören*. Wenn Regeln und Grenzen nicht klar sind, wenn sie willkürlich geändert oder nicht konsequent oder gerecht angewendet werden, dann entstehen bei allen, auch bei den Eltern, Ängste und Ressentiments. Unklare Lebensverhältnisse führen zu einem Gefühl des Verwirrtseins – das Hauptsymptom bei Kindern mit unterentwickelten Orientierungsmustern.

Planung verstehen wir als einen fortdauernden Prozeß innerhalb der Familie und nicht nur als eine Tätigkeit, die für besondere Ereignisse reserviert wird. In diesem Sinn heißt Planung, daß jedes Familienmitglied so weit wie möglich wissen sollte, was, wann, warum und wie etwas passieren wird. Schon kleine Kinder machen Pläne, die von den Aktivitäten der Eltern abhängen: «Ich will zum Strand.» Größere Kinder haben eine noch viel größere Autonomie: «Ich wußte nicht, daß du Einkaufen gehen wolltest. Ich sagte Joachim, daß ich ihn besuchen würde.» Je mehr alle von den Vorhaben anderer Familienmitglieder wissen, um so besser kann jeder seine eigenen Aktivitäten planen. Kinder können gute Planung bei ihren Eltern beobachten und nachahmen. Da die Fähigkeit zu planen einen wichtigen Bestandteil für die Entwicklung von Orientierungsmustern darstellt, wird sich das vorbildhafte Verhalten der Eltern erheblich auf das Selbstwertgefühl des Kindes auswirken. Aber gute Planung ist auch für Eltern wichtig. Wie können Eltern ihre Familienangelegenheiten in den Griff bekommen, wenn sie nicht voraussagen können, was passieren wird? Wenn Eltern auf ihre eigenen Aktivitäten und die ihrer Kinder keinen Einfluß ausüben können, wird sich die daraus entstehende Verwirrung auch auf das elterliche Selbstwertgefühl negativ auswirken.

Kinder brauchen viele «Pläne» für alltägliche Aktivitäten. Wenn sie keinen Plan haben, wie und wann sie beispielsweise ihren Papierkorb leeren, besteht die Wahrscheinlichkeit, daß sie diese Aufgabe auch nicht richtig erledigen. Es gibt eine Vielfalt von ganz gewöhnlichen Haushaltstätigkeiten, die auf Planung beruhen. Kann sich einer der Elternteile darauf verlassen, daß das Abendessen zu einer bestimmten Zeit fertig ist? Wenn einer länger im Büro bleiben muß, sollte dies mitgeteilt werden, um Essenszeiten planen zu können. Wann wird Wäsche gewaschen? Gibt es hierfür auch einen bestimmten Plan?

Für **geordnete Verhältnisse** zu sorgen, bedeutet mehr, als darauf zu achten, daß die Kinder nicht miteinander streiten. Ordnung ist ein geistiger Zustand, der in äußere Aktivitäten umgesetzt wird. Ordentlichkeit ist eine persönliche Eigenschaft, die sich von selbst entwickelt, wenn Menschen in einem geordneten Umfeld leben. Ordentlich sein schließt nicht aus, daß eine Familie nie spontan oder unordentlich sein kann, sondern bedeutet lediglich, daß Unordentlichkeit nicht die Norm darstellt. Zudem hat Ordentlichkeit viele praktische Vorteile. Ganz einfach gesagt, man findet viel leichter, was man braucht. Wenn sich jeder an bestimmte Maßstäbe hält, werden Eltern nicht hinter ihren Kindern herräumen müssen. Oft entstehen dadurch weniger Spannungen in der Familie, weil es eine klare Abgrenzung zwischen Arbeit und Freizeit gibt. Zudem hat Ordnung einen ästhetischen Wert, da sie das Interesse für die Gestaltung der eigenen Umgebung fördert.

Wenn Eltern darauf achten, daß Kinder bestimmte Aufgaben und Pflichten im Haushalt nach angemessenen Maßstäben durchführen, eignen sich Kinder Gewohnheiten an, die für die Herausbildung von Orientierungsmustern förderlich sind. Auf diese Weise bildet äußere Ordnung die Grundlage zur Entwicklung von persönlichen Eigenschaften. Für die Herausbildung von Orientierungsmustern ist es *nicht* genug, wenn nur Eltern dafür sorgen, daß die Kinder in einem ordentlichen, sauberen und gut organisierten Umfeld leben. Kinder brauchen die Erfahrung, die hierfür notwendigen Aufgaben selbst zu erledigen. Erfahrung ist die Grundlage für die Herausbildung von gut ausgeprägten Orientierungsmustern.

Eltern, die die Meinung vertreten, daß eine unordentliche Umgebung «natürlicher» sei, werden für ihre Einstellung nicht selbst den Preis zahlen müssen, aber ihre Kinder werden darunter leiden.

Erwachsene sind viel eher in der Lage, über eine geistige Ordnung oder Klarheit zu verfügen, als Kinder: «Laß bloß meinen Schreibtisch in Ruhe; ich weiß immer, wo sich alles befindet, bis du dort aufräumst.» Was für Eltern ein «geordnetes Chaos» darstellen mag, ist für Kinder oft reine Verwirrung.

Die Fähigkeit, die Umgebung übersichtlich zu halten, beruht auf der Fähigkeit, Probleme zu lösen, und Kinder können beides von ihren Eltern lernen. Einem Kind helfen, sein Zimmer aufzuräumen, bietet eine konkrete Möglichkeit, ihm Problemlösungen nahezubringen: «Wo möchtest du deine Spielzeugautos aufbewahren?» Indem Ordnungsgewohnheiten beim Kind in Fleisch und Blut übergehen, festigen sich auch seine Orientierungsmuster. Auch wenn das Kind während verschiedener Stadien der Kindheit oder Adoleszenz von bestimmten Mustern abweicht, wird sich das zugrunde liegende Muster, das in der Familie herrscht, letztendlich durchsetzen.

Das Einhalten von festen Zeiten stellt eine weitere wichtige Möglichkeit dar, um Ordnung aufrechtzuerhalten. Feste Essens- oder Schlafenszeiten zum Beispiel sind wichtig, weil sie einerseits einen festen Rahmen für die Planung von Aktivitäten bieten und andererseits, weil *jede Abweichung davon auch als solche erkannt wird*. Eltern glauben oft, daß solche Zeitregelungen nur für sie von Vorteil sind, aber Kinder verlassen sich ebenso darauf, auch wenn sie sich darüber beschweren mögen. Starre Zeitregelungen, von denen nie abgewichen wird, sind ebenso sinnlos wie die gänzliche Ablehnung von festen Zeiten. Innerfamiliäre Regeln sollten erkennbar und verläßlich sein, aber nicht den Anspruch des Absoluten haben.

Schlußbemerkung

Dieser Ratgeber ist wie eine Landkarte, die Ihnen den Weg zu neuem Terrain weisen und Sie dorthin begleiten soll. Und wie eine Landkarte muß auch dieser Ratgeber durch Ihre eigenen Beobachtungen ergänzt werden. Indem Sie Ihre Kinder beobachten und ihnen zuhören, werden zwei der wichtigsten Voraussetzungen erfüllt, um deren Verhalten entschlüsseln bzw. besser verstehen zu können. Wir hoffen, daß Sie sich aufgrund der in diesem Buch enthaltenen Informationen besser «orientieren» und deshalb mit weniger Ratlosigkeit und Stress Ihren Kindern und sich selbst werden helfen können.

Als Sie dieses Buch lasen, haben Sie vielleicht darüber nachgedacht, inwiefern die Erläuterungen zum Selbstwertgefühl sowohl auf Ihre Kinder als auch auf Sie selbst zutrafen. Dadurch wird deutlich, daß Ihnen und Ihren Kindern eine gemeinsame Erfahrung zugrunde liegt, aufgrund derer Sie erst imstande sind, Ihre Kinder zu verstehen. Indem wir diese gemeinsame Erfahrungsgrundlage anerkennen, wird uns bewußt, daß, auch wenn jeder von uns als Individuum gilt, unsere Bedürfnisse sich von denen unserer Kinder gar nicht so sehr unterscheiden. Ihre eigenen Bedürfnisse anzuerkennen und sie für sich zu akzeptieren, kann Ihnen dazu verhelfen, mehr Geduld und Mitgefühl Ihren Kindern bei ihren Bemühungen entgegenzubringen, ein hohes Selbstwertgefühl zu verwirklichen.

Bücher zum Thema

Inga Bodenburg / Gunhild Grimm
Was will das Kind denn bloß?
(7655)

Tobias Brocher
Wenn Kinder trauern
(7950)

Werner Haas
Partnerschaft mit Kindern
(8759)

Margot Jørgensen / Peter Schreiner
Kampfbeziehungen
(8549)

Jan-Uwe Rogge
Kinder können fernsehen
(8598)

Barbara Sichtermann
Nein, nein, will nicht!
(7694)

Verena Sommerfeld
Krieg und Frieden im Kinderzimmer
(8807)

Reinhard Voß / Roswitha Wirtz
Keine Pillen für den Zappelphilipp
(8431)

Irmela Wiemann
Pflege- und Adoptivkinder
(8851)

Mit Kindern leben

Ines Albrecht-Engel (Hg.)
Geburtsvorbereitung *Handbuch
für werdende Mütter und
Väter. Empfohlen von der
Gesellschaft für Geburtsvorbereitung*
(rororo sachbuch 9392)

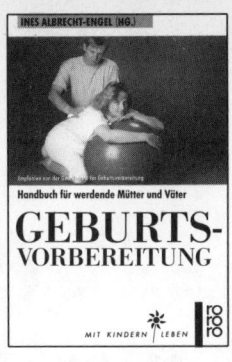

INES ALBRECHT-ENGEL (HG.)

Handbuch für werdende Mütter und Väter

GEBURTS-
VORBEREITUNG

MIT KINDERN LEBEN   rororo

Hermann Bullinger
Wenn Männer Väter werden
*Schwangerschaft, Geburt und
die Zeit danach im Erleben
von Männern*
(rororo sachbuch 7751)
Wenn Paare Eltern werden
*Die Beziehung zwischen Frau
und Mann nach der Geburt
des Kindes*
(rororo sachbuch 8096)

Irene Dalichow
**Sanfte Massagen für Babys,
Kinder und Eltern** *Liebe, die
durch die Haut geht*
(rororo sachbuch 8597)

Ulrich Diekmeyer
Das Elternbuch 1 - 6
(rororo sachbuch 9120 -
9125)

Sabine Friedrich / Volker
Friebel
**Einschlafen, Durchschlafen,
Ausschlafen** *Ruhigere Nächte
für Eltern und Kinder*
(rororo sachbuch 9397)

Regina Hilsberg
**Schwangerschaft, Geburt und
erstes Lebensjahr** *Ein Begleiter
für werdende Eltern*
(rororo sachbuch 8519)

Cornelia von Hoerner-Nitsch
Das Schmusebuch *Zärtliche
Spiele für Babys, Kinder
und Eltern*
(rororo sachbuch 8531)

Inge Kelm-Kahl
**Hausgeburt - besser für Mutter
und Kind** *Die neuen Erkenntnisse, die richtige Vorbe-
reitung*
(rororo sachbuch 8762)

Liesel Polinski
Spiel und Bewegung mit Babys
*Das Prager Eltern- Kind-
Programm*
(rororo sachbuch 9379)

Bettina Mähler/ Karin
Osenbrügge
Die ersten Wochen mit dem Baby
(rororo sachbuch 8766)

J. Steidinger / K. J. Uthicke
Frühgeborene *Von Babys, die
nicht warten können*
(rororo sachbuch 8504)

rororo sachbuch

Ein Gesamtverzeichnis der
Reihe *Mit Kindern leben*
finden Sie in der *Rowohlt
Revue.* Jedes Vierteljahr neu.
Kostenlos in Ihrer Buchhand-
lung.

Praktische Tips, Ideen, Anregungen. Ratgeber für den Umgang mit Kindern im Alltag.

Gisela Brehmer
Aus der Praxis einer Kinderärztin
Entwicklung - Vollwert-Ernährung - Erste Hilfe im akuten Krankheitsfall - Alternative Heilmethoden
(rororo sachbuch 8388)

H. Clemens / R. Bean
Selbstbewußte Kinder *Wie Eltern und Pädagogen dazu beitragen können*
(rororo sachbuch 8822)
Verantwortungsbewußte Kinder *Was Eltern und Pädagogen dazu beitragen können*
(rororo sachbuch 9132)

Sabine Friedrich / Volker Friebel
Entspannung für Kinder *Übungen zur Konzentration und gegen Ängste*
(rororo sachbuch 9397)

Tilo Grüttner
Helfen bei Legasthenie *Verstehen und üben. Geschichten*
(rororo sachbuch 8326)

H. Häsing / G. Gutschmidt
Handbuch Alleinerziehen *Mit Rechtsratgeber*
(rororo sachbuch 8896)

A. Kettner / E. Haug-Zapp
Das Kindergartenbuch *Was Eltern wissen müssen*
(rororo sachbuch 8790)

Bettina Mähler
Geschwister *Krach und Harmonie im Kinderzimmer*
(rororo sachbuch 9316)

Was Eltern und Pädagogen dazu beitragen können
VERANTWORTUNGS-BEWUSSTE KINDER
MIT KINDERN LEBEN

Das rororo-Elternlexikon
Herausgegeben von Horst Speichert und Bernhard Schön
(rororo sachbuch 7981)

Andreas Schmidt
Väter ohne Kinder *Sorge, Recht und Alltag nach Trennung oder Scheidung*
(rororo sachbuch 9398)

R. Voß / R. Wirtz
Keine Pillen für den Zappelphilipp *Alternativen im Umgang mit unruhigen Kindern*
(rororo sachbuch 8431)

Ein Gesamtverzeichnis der Reihe *mit kindern leben* finden Sie in der *Rowohlt Revue*. Jedes Vierteljahr neu. Kostenlos in Ihrer Buchhandlung.

Praktische Tips, Ideen,
Anregungen. Ratgeber für den
Umgang mit Kindern im
Alltag.

Harris Clemes/Reynold Bean
Verantwortungsbewußte Kinder
*Was Eltern und Pädagogen
dazu beitragen können*
(rororo sachbuch 9132)

Verantwortungsbewußtsein
ist ein Pfeiler der positiven
Entwicklung aller Kinder, und
die Fähigkeit, Verantwortung
zu übernehmen, ist ein
Schlüssel zur Eröffnung des
persönlichen Potentials eines
jeden Kindes. Dieses Buch
zeigt anhand vieler Alltags-
situationen, wie man Kinder
in der Entwicklung ihres
Verantwortungsgefühls
fördern und unterstützen
kann.

Selbstbewußte Kinder *Wie
Eltern und Pädagogen dazu
beitragen können*
(rororo sachbuch 8822)

Selbstwertgefühl ist die
Voraussetzung für die positive
Entwicklung der menschli-
chen Fähigkeiten, Beziehungen einzugehen, zu lernen,
kreativ zu sein und eigenverantwortlich zu handeln. Es
ist gewissermaßen das
Bindeglied, das notwendig ist,
um die verschiedenen
Eigenschaften des Kindes in
ausgewogene und
persönlichkeitsbildende
Strukturen zusammenzu-
fügen.
Obwohl wir alle möchten,
daß unserer Kinder ein hohes

Maß an Selbstwertgefühl
haben, gibt es Zeiten, da auch
unsere besten Bemühungen,
ihnen ein solches Gefühl zu
vermitteln, nichts zu nutzen
scheinen.
Dieses Buch versucht , der
Ratlosigkeit in solchen
Situationen entgegenzuwirken, indem es hilft, Kinder
besser zu verstehen und
kindliche Verhaltensweisen
nachzuvollziehen.

Ein Gesamtverzeichnis der
Reihe *Mit Kindern leben*
finden Sie in der *Rowohlt-
Revue.* Jedes Vierteljahr neu.
Kostenlos bei ihrem Buch-
händler.

Mit Kindern leben

rororo sachbuch

ANNE KETTNER / EGBERT HAUG-ZAPP

Was Eltern wissen müssen

DAS
KINDERGARTEN
BUCH

MIT KINDERN LEBEN

ro
ro
ro